当代大学生创新创业能力培养研究

罗蕊 著

吉林大学出版社
·长春·

图书在版编目（CIP）数据

当代大学生创新创业能力培养研究/罗蕊著. —长春：吉林大学出版社，2023.3
　ISBN 978-7-5768-1593-1

　Ⅰ.①当… Ⅱ.①罗… Ⅲ.①大学生—创业—能力培养—研究 Ⅳ.① G647.38

中国国家版本馆 CIP 数据核字（2023）第 060240 号

书　　　名：当代大学生创新创业能力培养研究
DANGDAI DAXUESHENG CHUANGXIN CHUANGYE NENGLI PEIYANG YANJIU

作　　　者：罗蕊
策划编辑：黄国彬
责任编辑：闫竞文
责任校对：赵黎黎
装帧设计：刘畅
出版发行：吉林大学出版社
社　　　址：长春市人民大街 4059 号
邮政编码：130021
发行电话：0431-89580028/29/21
网　　　址：http://www.jlup.com.cn
电子邮箱：jldxcbs@sina.com
印　　　刷：天津鑫恒彩印刷有限公司
开　　　本：787mm×1092mm　1/16
印　　　张：15.75
字　　　数：230 千字
版　　　次：2023 年 3 月第 1 版
印　　　次：2023 年 3 月第 1 次印刷
书　　　号：ISBN 978-7-5768-1593-1
定　　　价：68.00 元

版权所有　翻印必究

目 录 CONTENTS

第一章　创新与创新技法 01
　第一节　创新概念 02
　第二节　创新意识 04
　　一、创新意识的作用 05
　　二、创新意识的分类 06
　第三节　创新技法 09
　　一、特性列举法 09
　　二、设问探讨法 10
　　三、仿生创新法 11
　　四、联想创新法 11
　　五、类比创新法 13
　　六、组合创新法 14

第二章　大学生创新思维能力训练 17
　第一节　创新思维 18
　　一、创新思维培养三要素 19
　　二、创新思维的四个技能 21
　　三、创新实践的五个步骤 24
　第二节　大学生创新思维能力训练 27
　　一、逆向思维训练 28

1

二、横向思维训练 28

三、换位思维训练 29

四、求同思维训练 29

五、求异思维训练 30

六、迂回思维训练 30

七、头脑风暴式思维训练 31

八、分析列举式思维训练 32

九、思维导图思维训练 36

第三章 大学生创业 43

第一节 创业的发展阶段与步骤 44

一、创业的三个发展阶段 45

二、创业的六个关键步骤 46

第二节 创业的关键和核心 48

一、企业九字诀 49

二、创业的三大核心内容 49

第三节 团队管理 51

一、团队构成 52

二、优秀团队五个特征 57

三、常见创业团队类型 60

四、创业团队组队风险 63

第四节 商业模式 66

一、商业模式 67

二、商业模式设计五步法 73

第五节 商业计划书及路演 76

一、商业计划书 77

二、路演 85

第六节　企业的资金运作 94

　　一、创业期基础财务知识 95

　　二、创业企业融资管理 98

　　四、创业企业合理估值 107

第七节　创业还需要知道的事 110

　　一、需要知道上市方向 110

　　二、需要知道合理股权稀释 113

　　三、需要知道知识产权基础知识 116

　　四、大学生创业还需要知道的其他方面 123

第四章　中外大学生创新创业能力培养实践 127

　第一节　国外大学生创新创业能力培养实践 128

　　一、美国大学生创新创业能力培养实践 128

　　二、日本大学生创新创业能力培养实践 134

　　三、英国大学生创新创业能力培养实践 140

　第二节　国内大学生创新创业能力培养实践 146

　　一、国内大学生创新创业教育的相关政策 146

　　二、国内大学生创新创业能力培养的课程 149

　　三、国内大学生创新创业能力培养的经验与启示 158

第五章　我国大学生创新创业教育模式研究——以A校为例 163

　第一节　我国大学生创新创业教育存在的问题 164

　　一、我国的创业氛围并不浓厚 164

　　二、我国的创业教育体系不够完善 166

　　三、我国创业政策体系不健全 168

3

  四、我国的大学生创业科技含量较低 170
  五、不能正确认识创业的意义 171
 第二节 新创业教育存在的问题成因分析 172
  一、我国高校发展的原因 172
  二、政府扶持政策方面的原因 175
  三、大学生自身的原因 177
 第三节 完善我国高校创新创业教育模式的对策 179
  一、提升大学生自身创业综合素质 179
  二、转变传统就业观念，改善创业环境 183
  三、完善创业教育体系，创建创业实践基地 188
  四、完善创业政策，健全创业支持体系 190

第六章 大学生创新创业能力提升策略 195
 第一节 完善大学生创新创业教育课程体系 196
  一、设置创新创业教育课程的主要目标 196
  二、完善创新创业教育课程体系构建策略 201
 第二节 改进大学生创新创业能力培养的原则和路径 208
  一、深化我国高校大学生创新创业教育目标 208
  二、高校大学生创新创业能力培养的基本对策 210
  三、培养创新创业能力的路径选择 216
 第三节 加强和改进大学生创新创业能力培养的保障措施 221
  一、推动创新创业能力培养路径完成的基本对策 221
  二、加强和改进大学生创新创业能力的主要任务和措施 229

参考文献 232

第一章

创新与创新技法

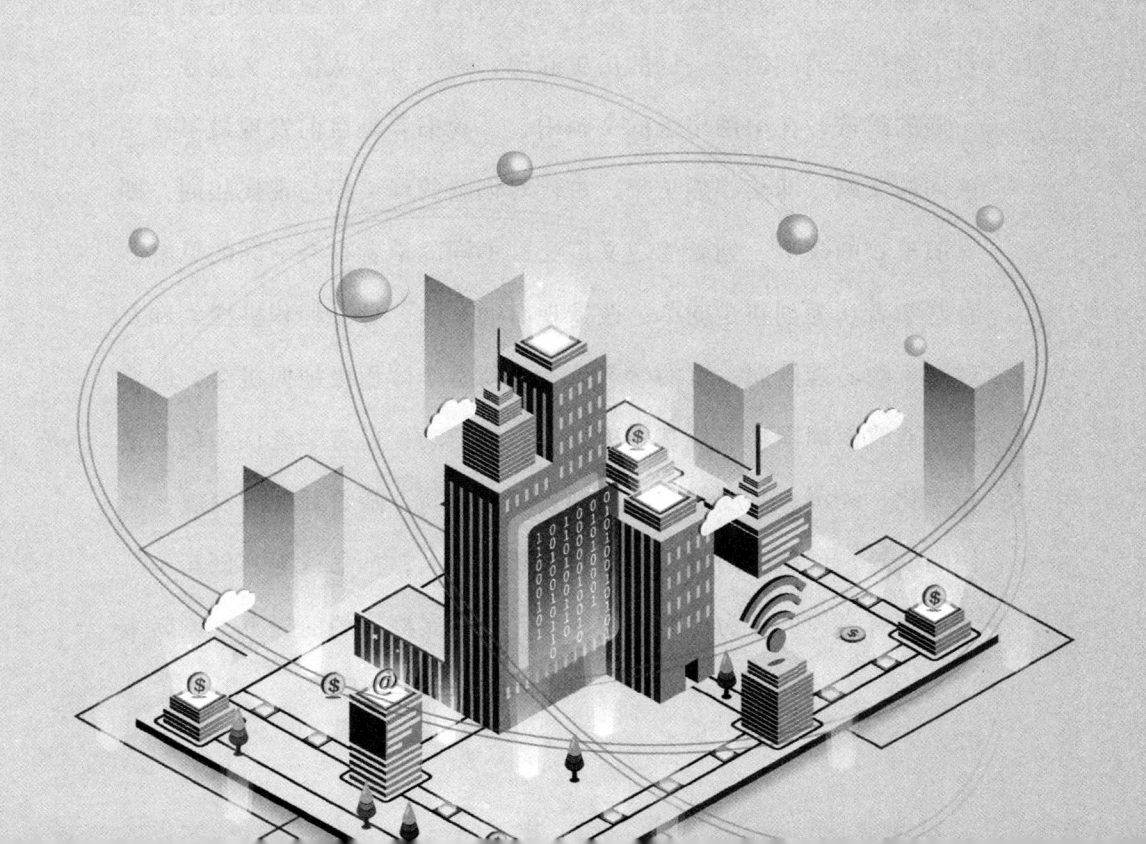

第一节　创新概念

"创新"在英语版《汉语词典》里的解释为"抛开旧的，创造新的"，个人或组织充分发挥主观能动性，从而对周围的事物进行了变革。追溯创新一词的历史起源，最早可以从拉丁文发现创新一词的踪迹，在中国出土的文献中，《魏书》是目前发现最早使用该词的文献，即使相隔千年，古代对创新的释义仍与现代相同，即对旧事物的改革。创新的定义广泛，不同的学者存有不同的见解，有些学者认为创新是变革、改造现有的东西，是一种积极探索和发现新事物心理倾向；有的学者认为创新是个体积极把握机会，改变自己或改变周围环境使其能更好地发展活动；还有学者认为创新是在文化、经济、制度等方面的创建或者革新。随着社会的发展，时代的变迁，创新的内涵外延也在不断地扩大，本书认为，创新是一种人们有意识的行为，在尊重社会客观发展规律的前提下，创新主体发挥主观能动性使之能够更好地适应自身发展的变化。发挥个体主观能动性时，人们首先要一切从实际出发，结合本国现实社会条件，遵循发展规律，创新行为才真正有可能取得创新成功。其次，创新需要理论付诸实践。理论指导实践，在实践中得以升华，在这个过程中可以摒弃掉不符合社会经济发展要求的旧事物，然后通过自我变革和创新，从而更好地服务社会。最后，创新需要从旧事物取去其糟粕取其精华，弘扬与发展旧事物固有的优势，变革旧事物的不利因素，使之更好地适应时代的发展，积极发挥创新的能动作用。

  对于企业而言，创新的类型很多，并不仅仅局限于产品和技术方面。创新完全可以贯穿企业的生产、运营、用户体验的全过程。德勤旗下的德布林公司根据多年的经验，总结出十种创新类型。创新类型分为三大类，分别是配置、产品、体验，而三大类对应十种类型，依次是盈利模式、网络、结构、流程、产品表现、产品系统、服务、渠道、品牌和客户交互，如图1-1所示。企业在选择创新类型的时候，不用考虑它们之间的顺序排列或者等级关系，可以选择任意类型进行创新，也可以将它们进行组合创新。

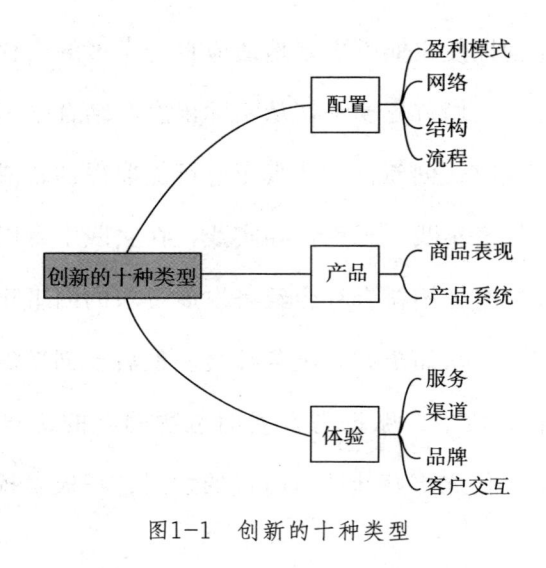

```
创新的十种类型
├─ 配置
│   ├─ 盈利模式
│   ├─ 网络
│   ├─ 结构
│   └─ 流程
├─ 产品
│   ├─ 商品表现
│   └─ 产品系统
└─ 体验
    ├─ 服务
    ├─ 渠道
    ├─ 品牌
    └─ 客户交互
```

图1-1　创新的十种类型

第二节　创新意识

创新意识是指人们根据社会和个体生活发展的需要，引起创造前所有的事物或观念的动机，并在创造活动中展现出的意向、愿望和设想。它是人类意识活动中的一种积极的、富有成果性的表现形式，是人们进行创造活动的出发点和内在动力，同时也是创造性思维和创造力的前提。创新意识具有三大特征。第一，新颖性。创新意识也是求新意识，也许是为了满足新的社会需求，又或是用新的方式更好地满足原来的社会需求。第二，社会历史性。创新意识是以提高物质生活和精神生活水平需要为出发点，这很大程度上会受到历史条件的制约，在阶级社会里，创新意识容易受到阶级性和道德观影响制约。人们的创新意识激起的创造活动和产生的创造成果，应为人类进步和社会发展服务；创新意识必须考虑社会效果。第三，个体差异性。人们的创新意识和他们的社会地位、文化素质、兴趣爱好、情感志趣等相应，它们对创新起到重大的推进作用。而这些方面，每个人都会有所不同，因此对于创新意识既要考察社会背景，又要考察其文化素养和志趣动机。

大学生作为创新的生力军，是整个创新人才队伍的核心力量。国家的创新力发展应从培养大学生创新意识着手。大学生创新意识是大学生创新活动的出发点和内在动力，是激发大学生蕴含潜能的重要精神动力。培养大学生创新意识，首当其冲的是要大学生意识到创新的重要性和意义，加强当代大学生的社会责任感和社会紧迫感，不断鞭策他们勇于探索，敢于知识创新。这对于创新实践发挥着重要作用：第一，创新意识是创新实践的基础，大学生培养创新意识，在一定条件下可以反作用于实践活动，产生创新行为和活动；第二，在创新与实践转化过程中，创新意识有助于大学生增强自我改革与发展的强烈欲望，通过一系列创新活动，探索一条求同存异、创新发展之路。

一、创新意识的作用

大学生创新意识的提高对于一个民族、一个国家有着非常深远的现实意义。所有的创新行为和活动都以创新意识为前提,创新意识是驱动社会创新发展的推进器,它可统御、支配社会人自身的自主创新实践能力,可以有效激发大学生的创新能力。

大学生的创新意识在创新实践活动中起着重要的作用。第一,创新意识是进行实践活动的基础,意识对于实践具有重要的影响作用。大学生在认识世界和改造世界的过程中,意识是从实践当中总结归纳出来的,并且意识对于实践的发展还具有反作用,创新意识对于创新实践而言,具有积极的推动作用。第二,在创新实践过程中,大学生难免会遇到一些问题,在此时大学生就需要有创新意识的指引,可以帮助他们正确地看待问题,从而进一步解决问题。因此,高校应该积极培养大学生的创新意识,并且不断地增加一些创新实践活动,鼓励大学生参与其中,将理论与实践相结合,使二者相互促进,共同发展。

二、创新意识的分类

1. 综合创新意识

综合创新意识是一种从整体视角出发,把握事物运动的本质现象和规律。其运作模式如图1-2所示,首先输入已知事物,然后通过大脑进行综合思考,再输出新事物。综合创新模式并不是简单将已知部分进行相加，而是需要按照内在逻辑对它们进行有机组合。例如大学里面的生物科学、材料科学、计算机信息科学都属于综合性学科，这些学科从其他学科衍生发展而来，也是通过人们的综合创新意识，将不同学科知识进行有机组合。

图1-2 综合创新模式

2. 逆向创新意识

逆向创新，也被称为反向探求，是将思考问题的思路反转过来，从构成要素中对立的另一面来思考，以寻找解决问题的新途径、新方法。例如，宋代司马光砸缸救小孩就是逆向思维的典型例子，司马光并不是直接将落水小孩从水缸中拉出，而是将缸体打破，让水流走，从而施救落水小孩。逆向创新意识要克服固有的思维定式，对熟悉的事物持陌生的态度，用新的观点、从新的角度去看待事物。

3. 还原创新意识

还原创新意识借用了"还原原理"，所谓"还原原理"，是先想到某一原理或现象所揭示的本质问题、某器材或方法的原本作用，即找到问题的起点，然后从这一起点出发去进行创造性思维。如看到火柴，首先想到火柴原本的功能点火。因此，点火是问题的起点。然后围绕"点火"这个问题，找到许多新办法。如用煤气灶取火，用凸透镜或凹面镜汇聚阳光取火。还原原理类似于顺藤摸瓜的过程，重点在于如何创造性地发掘到一个问题的本质，这个中心点一旦找到，就可以在很大程度上避免过程上的烦琐与低效率的应付问题。

4. 移植创新意识

移植法是将某种事物、某个领域中的原理、技术、方法等，应用或渗透到其他事物中，为解决某一问题提供启迪和帮助的创新思维方法。基于移植法原理，移植创新意识的概念也就此形成，创新主体通过移植先进的经验和科学技术到其他领域，并从中获取新的创新成果。这种移植创新意识有助于大学生拓展思维，经过长期训练，可以在脑海中形成移植创新意识的模式。如图1-3项所示。

图1-3 移植创新模式

第三节　创新技法

创新技法是创造过程中应用的技能和遵循的法则，它是科学方法与使用技巧的有机结合。创造设计方法与一般的方法不同，它是带有一定实用技巧的方法，具有灵活性、变通性、多样性；另外它是以理性思维为主体，借助于非理性的，不合逻辑的思维来共同作用于创造过程的方法。创新技法的学习对于培养学生的创新能力和创新积极性有着深远的意义。培养创新思维的技法有很多种，本节将列举其中比较常见且效果较突出的几种。

一、特性列举法

特性列举法，也称属性列举法，是一种将创新对象的特征，包括名词性、形容词性和动词性等一一举例出来，然后分析、探讨能否以更好的特性替代，最后提出革新的方案的创新技法。

例如，与水壶特性相关的特性名词有身、把、底、口、盖等；与水壶特性相关的形容词有红、黄、白、绿、蓝等颜色；与水壶特性相关的动词有烧水、保温、携带，列举完之后需要仔细考虑还有哪些功能可以侧重改进以及会迸发出怎么样的创新结果。

二、设问探讨法

设问技术是我们现代社会生活中常用的创造性技术，它突出的特点就是操作简单医学，而且可以因地制宜，根据自身的不同目的灵活设问。

例如，大学生在大学校园里摆地摊创业，他会思考学生流量集中的地方在哪里，然后发现宿舍、食堂、教学楼是学生流量最集中的地方，他会选择在这三个位置附近摆地摊。当然现在的大学为了整顿校园风气，提升校园安全性，摆地摊的行为不被允许，这时候学生会思考，如果像快递员一样送货上门呢？于是他开始在宿舍门口跟学生搭讪，邀请同学们加二维码，在手机里团购订单，最后将订单集中送到指定交易地点。为了鼓励学生创新创业，学校也配合学生设立交易地点。在学术氛围浓厚的大学，学校的做法既保留了创新的火种，激励大学生创新创业，同时也整顿了校园的学习环境。这就是设问探讨法带来的思维优势。

三、仿生创新法

从自然界里获得一些创意灵感,甚至可直接利用模仿生物原理而进行一些创新的设计,这就是一种仿生方法。仿生方法具有较显著效果在于启发、诱导和拓展创意的作用,将人工模仿过程与生物现代实验技术方法相结合,可以据此设计研究出许多具有新功能点的仿生系统,如仿人手指结构设计和仿生各种功能机器人手的运动组织设计,仿人行走装置和仿双足机器人腿的行走步态的设计。采用这些仿生科学方法和设计后的仿生组织系统具有一定限度的应用灵活性,可以大幅降低人类劳动强度,为健康人类服务。有时它几乎可以用于代替人类在条件恶劣的工作环境中作业。

四、联想创新法

没有想象力的人,不可能有创新能力。联想创新法主要通过相似元素进行联想,从而达到创新的结果。联想创新法主要包括以下三种方法:相似联想、对比联想和接近联想。

1. 相似联想

相似联想是因事物的外部特征或性质类似而由一事物联想到另一事物,进而产生某种新的联想,是对在性质上或形态上有某些相似之处的事物的联想。很多比喻和象征都是借助于这种联想，其中情感常常起着重要的中介作用。比如大学生给寝室室友甲带盒饭，他会联想到室友乙也在宿舍没有吃饭，自己是否也应给他带一份盒饭？又例如，老师给学生辅导作业，发现这个问题非常典型，班上的大部分同学都做错了，于是开始联想是否把这个问题通过会议的方式进行讲解，纠正全班同学存在的共性问题。

2. 对比联想

对比联想是指对于性质或特点相反的事物的联想。两种事物在性质、大小、外观等方面存在相反的特点，人们在认知到一种事物时会从反面想到另一种事物。在大城市生活的居民，经常面临交通阻塞这样令人头痛的问题，有些房地产广告就从这一角度出发，引导消费者设想没有交通烦恼的美好景象，如果购买了他们的房产，会避免大城市经常面对的交通烦恼。

3. 接近联想

接近联想是指当一个人同时或者先后经历两件事情（某种刺激或者感觉），所经历的这两件事情会在人的思想中互相联系，互相结合。由于两种事物在位置上、空间距离上、时间上比较接近，所以认知到第一种事物时候，很容易联想到另一种事物。例如，上午到了十一点半左右人们一般会想到要吃中午饭了；到了王府井大街，会想到"新东安广场""北京市百货大楼"等。

五、类比创新法

类比法也叫"比较类推法"，是指由一类事物所具有的某种属性，可以推测与其类似的事物也应具有这种属性的推理方法。其结论必须由实验来检验，类比对象间共有的属性越多，则类比结论的可靠性越大。类比创新法包括拟人类比、直接类比、象征类比等。

1. 拟人类比

进行创造活动时，人们常常将创造的对象加以"拟人化"。挖土机可以模拟人体手臂的动作来进行设计。它的主臂如同人的手臂，可以左右上下弯曲，可以插入土中，将土挖起。在机械设计中，采用这种"拟人化"的设计，可以从人体某一部分的动作中得到启发，常常会收到意想不到的效果。现在，这种拟人类比方法，还被大量应用在科学管理中。

2. 直接类比

从自然界或者已有的成果中找寻与创造对象相类似的东西。例如，设计一种水上汽艇的控制系统，人们可以将它同汽车相类比。汽车上的操纵装置和车灯、喇叭、制动系统等都可经过适当改造，运用到汽艇上去，这样比凭空想象设计一种东西更容易获得成功。

3.象征类比

所谓象征是一种用具体事物来表示某种抽象概念或思想感情的表现手法。在创造性活动中，人们有时也可以赋予创造对象一定的象征性，使他们具有独特的风格，这叫象征类比。

象征类比应用较多的是在建筑设计中。例如：设计纪念碑、纪念馆，需要赋予它们"宏伟""庄严""典雅"的象征格调。相反，设计咖啡馆、茶楼、音乐厅就需要赋予它们"艺术""优雅"的象征格调。

六、组合创新法

组合创新法是指利用创新思维将已知的若干事物合并成一个新的事物，使其在性能和服务功能等方面发生变化，以产生出新的价值。人类的许多创造成果来源于组合。正如一位哲学家所说："组织得好的石头能成为建筑，组织得好的词汇能成为漂亮文章，组织得好的想象和激情能成为优美的诗篇。"同样，发明创造也离不开现有技术、材料的组合。

例如，我国神舟系列载人飞船等科技成果，是组合创新最成功的典范。载人航天飞行技术是由航天技术、信息技术、材料技术、能源技术、生物技术、气象技术和系统科学技术等多种技术构成的，缺一不可。因此，神舟五号、神舟六号的成功，不是哪一种技术的原始创新，而是多种技术的组合创新。

第二章

大学生创新思维能力训练

第一节 创新思维

创新思维也被称作创造性思维，它是人类思维的高级过程，是一种具有开创意义的思维活动，即开拓人类认识新领域、开创人类认识新成果的思维活动。形成创新思维的关键在于怎样具体地进行思维的创新。当越来越多的创新者寻求商业、教育与社会领域的创新与变革时，就需要一套行之有效的创新方法，因此，设计思维方法论应运而生。

设计思维，英文为Design Thinking，是一套高效的创新方法。它通过一套流程，从人出发，为人服务，在商业及社会各领域推动创新。它以解决现实问题为目标，通过定义问题、观察用户、洞察需求，并挖掘原因、创意构思、制作原型、测试迭代……同时寻求商业、技术、用户需求三者之间的平衡，最终产生出创新的解决方案。

美国斯坦福大学的设计学院专门开设了一门讲授用设计思维进行创新实践的课程。这门课程通过使用引导工具，促使学生转变心态。然后让他们用一整套逻辑清晰的流程来发现问题、明确目标、催生创造性的解决方案，并将创新性解决方案转化为现实。通过设计思维的应用，学生们可以深刻了解和挖掘现实生活中的真实需求，并且通过创新的解决方案满足这些需求，进而改善用户体验，不断提高人们的生产和生活水平，从而推动社会的发展。可以说，设计思维是集引导工具、心态建设和方法论为一体的、催生创意并将其具象化、现实化的一整套方法论和工作流程，也是当前众多创新思维中最重要的思维理论和最有效的实践工具。

一、创新思维培养三要素

1. 民主：师生关系的定位

确立怎样的师生关系，一直是传统教育与现代教育的主要分歧，是能否成功培养学生创新思维的重要前提。在传统教育观念中，教师对学生来说是神圣、权威、真理的化身和绝对的评判者，"天地君亲师"的文化心态，除强调尊师的含义外，还暗示了教师具有权威力量的意蕴，学生只是受支配者、受控制者。这种不平等的关系，无疑会使学生形成惧师的心理，不敢发表自己的独特见解，不敢按自己的思路思考问题，久而久之，学生独立思考、自主探索的意识和能力就会逐渐泯灭，培养创新思维便只能是空谈。显然，只有民主平等的师生关系，才是学生积极探索、锐意创新、自由发挥个性的精神支柱和感情支柱。

2. 自主：学生主体特征的确立

创新思维的培养离不开个性教育。上海特级教师陈钟梁说得好："创新的土壤是个性，没有个性就没有创新。"创造是一种产生新认识、新事物的思维活动和实践活动。这里的"新"对社会而言是属于科学家、发明家、艺术家等特殊人物的创造；对个人而言属于普通人的创造。对普通人来说，不管是否得到社会的承认，只要产生的认识和事物对自己而言是新的，就是一种全新的创新活动。不同的学生，对同一事物产生的感受或对同一问题的解决方式，可能并不相同，而这种创新的异化，正是学生个性的体现。在教育过程中，必须让学生多角度地接触材料，不能机械地将所谓的"标准"硬往所有学生身上套。或许学生的认识是肤浅的、稚嫩的，但它不同于一般学者的结论，是富有个性的独创所得，对学生来说，更具认识的价值。

3. 独创：教学过程的优化

美国心理学家吉尔特认为，创造能力具有六种特性，即敏感性、流畅性、灵活性、独创性、再定义性和洞察性，其中最重要的是独创性，具体表现为对未知事物进行前所未有的思考，体现其探索性，对已知事物或者已经认识的事物则变换角度，更新途径，进行重新审视，借此来提出创新的观点。学生在独创时能感受到自我创造的喜悦，心理受到情感的感染，进而积极探索寻求，求得在学习中的进一步创新。因此，在教育教学中积极鼓励学生创新，尤其是对其具有独创性的认识、做法进行激励，可以更好地调动学生创新的积极性，使他们养成多角度、多层次地看待问题、处理问题的思维习惯。总之，在创新思维的培养过程中，只有认真研究不同程度和性格的学生以及不同时期的学生的心理特征，并选择相应的内容，采取相应的办法，使教学与学生的心理相协调、相一致、相吻合，才能收到良好的效果。

二、创新思维的四个技能

从创新思维的角度来说，同理心、洞察力、突破常规、敢于试错是创新思维和创新实践的四个基本技能。

1. 同理心

同理心不是同情心。同理心是指可以站在对方的角度思考问题，感同身受。好的设计师往往都是同理心很强的人。以同理心与人沟通，可以让人感到被接纳，更愿意表达真实的感受。

闻名于世的励志成功大师拿破仑·希尔，某年需要聘请一位秘书，于是在几家报刊上刊登了招聘广告。结果应聘的信件如雪片般飞来。但这些信件大多如出一辙，比如第一句话几乎都喜欢这样开头："我看到您在报纸上招聘秘书的广告，我希望可以应征到这个职位。我今年×岁，毕业于×学校，我如果能有幸被您选中，一定兢兢业业。"拿破仑·希尔对此很失望，正琢磨着是否放弃这次招聘计划时，一封信件给了他全新的感受，认定秘书人选非信的主人莫属。

这封信是这样写的：

"敬启者：您所刊登的广告一定会引来成百乃至上千封求职信，而我相信您的工作一定特别繁忙，根本没有足够时间来认真阅读。因此，您只需轻轻拨一下这个电话，我很乐意过来帮助您整理信件，以节省您宝贵的时间。您丝毫不必怀疑我的工作能力与质量，因为我已经有十五年的秘书工作经验。"

后来，拿破仑·希尔说："懂得换位思考，运用同理心，能真正站在他人的立场上看待问题、考虑问题，并能切实帮助他人解决问题，这个世界就是你的。"

2. 洞察力

洞察力是一种透过现象看本质的能力。相较于同理心而言，在对用户同理的基础上进行洞察，更能找到其真实的需求。洞察力需要创新设计者以同理心态进行敏锐的观察，摒弃显而易见的预设。例如，一名女学生不去宿舍楼下的食堂吃午饭，偏偏要叫外卖。从表面上看，她放着便宜、干净、方便的食堂不吃而去叫外卖，人们会自然而然地猜测她太懒了。但真实情况是，去食堂前女孩需要花至少半个小时化妆打扮，而点外卖省去了很多麻烦，她只需戴个帽子，跑到楼下，拿外卖上楼。如果深度洞察就会发现，现在的女孩子更加在乎自己在公共场合的外表和形象，并对社交需求和品质有更高的要求。由此，可捕捉到这类人群的社交特点，并做出准确的判断。从创新设计的能力来看，创新者要获得更深刻的洞察力，可以通过对信息的搜集、整理、分析、提炼和总结来实现，最终发现创新的契机。

3. 突破常规

所谓的常规思考，是指大部分人都会有的想法。人类社会的发展过程中，知识和经验的积累发挥着重要的作用，对这些知识和经验的学习与传承往往使人们在思考时趋于同质化。突破常规思考，就是进行与众不同的思考，是将不可能变为可能的第一步，也是发现创新的机会点。要想突破常规，就要养成积极动脑、不断发现新问题的习惯。

4. 敢于试错

敢于试错和突破常规相辅相成，正因为有敢于试错的勇气才促使人们去突破常规，而正因为突破常规并不是次次都能获得正确的方向和满意的结果，所以才需要人们有敢于试错的精神并留有包容的空间。创新是探索前人未有的尝试。成功的道路不是条直线，试错是成长的必经之路。在试错中调整方向，在试错中获得加速度，试错才能成为企业成长的"最快曲线"。

三、创新实践的五个步骤

创新实践可以通过五个步骤实现，这五个步骤分别是：搜集信息，挖掘用户需求；挖掘真实需求，重新定义问题；打破思维局限，提出解决方案；积极行动，将想法落地；测试与反馈，迭代完善。

1. 搜集信息，挖掘用户需求

创新不是凭空的灵光一现，更不能一蹴而就。人们常常苦恼该如何创新，其实从"发现问题"开始是一个简单好用的方式。发现问题是一种能够从外界众多现象和信息源中，发现自己所需要的、有价值的信息的能力。在日常的生产、生活中，人们总会听到大大小小的抱怨，不管是他人的还是自己的，例如，学生对学校食堂、游客对景点、乘客对出租车等产生的不满,留意这些"不满或抱怨"。这些"不满或抱怨"是一种未被满足的用户需求,可以通过访谈、观察、亲身体验等方式去了解和挖掘用户需求,将"不满或抱怨"转化为创新的机会。

2. 挖掘真实需求,重新定义问题

要想真正了解人的需求并不是件容易的事情,有时候人们自己都不清楚自己的真实需求是什么。需求就像浮在海面上的冰山,通常能看到的只是露出海面的一小部分(表面的需求),而海面以下的绝大部分可能才是被隐藏起来的真实需求。

3. 打破思维局限,提出解决方案

发现问题对应着解决问题。通过重新定义问题,创新者获得了"为谁解决什么样的问题"的方向和目标,接下来就需要开始思考"该怎么做",即解决方案的创新构思。想要获得一个具有洞见性的创新性解决方案,需要打破已有的思维局限,运用想象力激发大脑的创造性思维。在这个过程中,创新者可以运用头脑风暴、思维导图、HMW(How Might We.即"我们可以如何")提问法、用户旅程等工具帮助进行思维的发散和综合,追求点子的数量,暂缓批评,因为在大量的创意想法中,必然能产生有质量的创意解决方案。

4. 积极行动，将想法落地

创新不仅意味着有好想法，还意味着要迅速把想法付诸行动。制作创新原型可以帮助创新者更好地获得用户反馈。原型是将概念和想象转化为现实的一道重要桥梁。它用视觉化的方式有效地呈现创新的思想，是介于创意与现实之间的一个过程。通过制作原型，用户可以创造新的讨论空间，让团队的讨论更有活力，让抽象概念变成一个又一个的实体演示，辅以有效的意见整合，将创新的想法和点子落地实现。在这里，设计和制作一个新产品或服务原型的目的不是做出功能完备的系统，而是看一看呈现在用户面前的产品的样子，并为用户测试做准备。许多想法之所以失败，并不是因为它们有缺陷，而是因为用户没有"理解"它们。用户很难单单从文字叙述里完整、准确地想象和理解新的产品、服务或功能，只有亲眼看到、亲手使用、亲自体验过，才能最真切、最直观地理解产品。

5. 测试与反馈，迭代完善

创新的想法不能仅仅停留在原型阶段。创新者最终的目标是将创新的产品或服务投入真实的市场，并实现应用和商业化。在将创新原型变成真正可以使用的产品或服务之前，还需要经过测试环节来进行用户检验。测试最开始可以在创新团队内部进行，然后需要邀请相应的用户来亲自体验这些产品或服务，帮助创新团队从用户的角度了解这些新产品或服务，创新团队还要根据用户的反馈及时修正，不断迭代。即使新产品或服务已开始投入市场使用，也要随时观察、收集用户反馈，随时进行迭代。因此，创新不是一个一次性的工作，它是时时刻刻都在发生和进行着的。创新永无止境。

第二节　大学生创新思维能力训练

创新思维是对各种思维方式的综合运用，既有逻辑思维又有非逻辑思维，既有抽象思维又有形象思维，既有发散思维又有收敛思维。其中，发散思维和收敛思维对创新思维非常重要。特别是发散思维是大学生开展创新活动不可缺少的思维方式，它有利于帮助大学生拓展思维方式，提高逻辑思维能力。发散思维的方法多种多样，如逆向思维、横向思维等。本节主要介绍九种方法帮助大学生掌握发散思维的训练方法。

一、逆向思维训练

逆向思维也叫反向思维或反转思维，其特点是改变惯常思维方向，从相反方面来认识事物和思考问题。由于这种思维突破了人们考虑问题的思维定式，因而往往能够获得惯常思维所不能取得的成效。

春秋战国时，田忌与齐威王赛马，按照惯例应是良马对良马，次马对次马。田忌却运用逆向思维方法，以次马与齐威王的良马比赛，以良马对中马，以中马对次马比赛。结果，田忌取得三局两胜的战绩。

二、横向思维训练

横向思维也叫"侧向思维"，向思考的事物及问题的侧面伸展思维触角，以求获得新的思维成果，这是发散思维中最常用的一种方法。例如中国的传统节日食品粽子，从外形看，大致有长方（扁方）形和四角（六棱）形两种，是否能再变换几种？从米料看，主要有糯米、黄米两种，是否可以改用别的米料？从馅料看，常见的有红枣、豆沙（甜馅）和猪肉（咸馅），能否增加馅料的品种？解决上述问题便离不开横向思维。

三、换位思维训练

人们在考虑问题、处理事情时，常常受所处地位和所持立场的影响，想不出解决问题的办法，但如果变换一下立场，转变一下地位，就能产生新思路，想出有效的方法。

换位思维就是指"设身处地"地思考问题，有些矛盾和问题，只要当事人能够站在对方角度，设身处地地进行思考，便不难解决。这种换位思考的方法现在已被广泛使用，如医院急病人所急，为病人提供方便；商店从顾客需要出发，变换商品种类；厂家按照用户的要求进行产品定制。这种换位思维有益于开阔思路，发现一些原先体悟不到、认识不清、理解不了的东西，产生新的思维成果。

四、求同思维训练

"求同"是指在两个以上事物中找到它们的共同之处。运用这种思维，有助于在不同的事物之间找到结合点，使新结合的事物在性质、形态和功能等方面有所变化，以获得创新的效益。例如，大学是人才产生的地方，但人才的衡量标准并非仅限学历，学生流向大学后，找到适合自己的发展方式，在不同的岗位上努力前行，积极进取，虽然岗位不同，方式各异，但最终都是为了能够在社会上立足，有自己的生存发展空间而各自奔跑。在这样的思维方式下，高校应拓宽人才培养渠道，构建多元化人才培养通道。

五、求异思维训练

"求异"是指在两个或两个以上相同或相似的事物中找出差异，这是在科学研究、科学技术、产品开发、管理、广告、文学创作等工作中能取得新成果的一种思维方法。有些企业为了使产品能在激烈的市场竞争中占有一席之地，便采用"你无我有，你有我廉，你廉我精，你精我转"等生产经营策略，这些策略的制定和实施自然离不开求异的创新思维方法。

例如，高校组织文艺会演，为大学生提供才艺展示平台，学生在舞台上为了获得舞台关注度和曝光度，会利用自身优势，形成差异化的表演方式，从而避免同质化的节目。

六、迂回思维训练

迂回思维是指在思考问题遇到障碍时，避开障碍，间接求得解决问题的方法。20世纪30年代，我国老百姓习惯点"食油灯"和"蜡油灯"，外商要在中国推销煤油，遇到阻力。于是他们发起了一场"将光明送往千家万户"的活动，让每家每户可以无偿得到一盏煤油灯和两玻璃瓶煤油。老百姓体验到"煤油灯"确实比"食油灯"强，便开始买煤油点灯，于是煤油灯占领了中国市场。这种间接向中国推销煤油的方法便是迂回思维的成果。

七、头脑风暴式思维训练

头脑风暴法又称智力激励法，是现代创造学奠基人美国学者亚历克斯·奥斯本提出的，是一种短时间内产生大量想法的集体训练方法。这种方法把一个小组的全体成员都组织在一起，使每个成员都毫无顾忌地发表自己的观点，既不怕别人的讥讽，也不怕别人的批评和指责，是一个能使每个人都提出大量新观念、创造性地解决问题的最有效的方法。当一群人围绕一个特定的兴趣领域产生新观点时，这种情境就叫作头脑风暴。由于会议使用了没有拘束的规则，人们能够更自由地思考，进入思想的新区域，从而产生很多新观点和解决方法。当参加者有了新观点和解决方法时，他们就大声说出来，然后在他人提出的观点之上建立新观点。所有的观点被记录下来，但不进行批评。只有头脑风暴会议结束时，才对这些观点和想法进行评估。

头脑风暴会帮助你提出新的观点。你不但可以提出新观点，而且只需要付出少得令人惊讶的努力。头脑风暴使新观点的产生变得容易，是一个尝试—检测的过程。头脑风暴中应用什么技巧取决于你想要达到的目的。你可以应用它们来开发你的新产品、服务，或者你可以应用它们来提升你的个人生活。

当人们想起新观点时，就在房间里大声说出来，这是对头脑风暴的普遍认知。告诉他们消除顾虑，任何观点都不会被批判，这样他们就能自由地大声说出任何观点，而不会感到任何不舒适。人们的观点应该建立在其他参与者的观点之上。这样做的目的是为后续的分析得到尽可能多的观点。在提出的众多观点中会有一些非常有价值。因为自由思考的环境，头脑风暴能够帮助促进产生那些突破普通思维方式的激进的新观点。

如何进行头脑风暴思维训练？

4~15人组成一个小组聚集在一个房间里。找一个中心人物进行协调，介绍头脑风暴会议的目的并简要说明规则。这个人也应该确保规则被遵循，应该积极地鼓励参加者。这个人就是促进者。

比较理想的状况是，就一个与主题无关的比较有趣的话题进行简短的热身，这能够使人创造热情高涨，帮助建立一种不受拘束的心境。当建立起适当的心境时，就应该开始正题。目的和主题建立起来后，小组中的每一个人大声说出自己的观点，这些观点全部被记录下来，以便以后进行分析。记录观点通常的方法是写在便笺纸上，或者使用黑板、幻灯片、计算机或零散纸张记录也行。一位秘书或专门的记录人可能有用，但对于较大的小组，可能需要2~3人，以确保所有的观点都被记录下来。

八、分析列举式思维训练

1. 系统设问法

如果提问中带有"假如……""如果……""是否……"这样一些词，就会启发思维、促使想象。系统设问法正是根据这样的思路提出的创造发明技法。

系统设问法针对事物的多个方面，系统地列举出问题，然后逐一加以研究和讨论，多方面进行扩展，从而使人们萌生出许多新的设想。

（1）转化

有无其他用途？有无新的使用方式？如何改进已知的使用方式？

（2）借用

能否借用别的经验？有无与过去相似的东西？能否模仿点儿什么？

（3）改变

能否做出某些改变？可否通过旋转、弯曲、扭转、回转的办法加以改变？功能、颜色、运行、味道、形式、轮廓可否改变？有无其他可能的改变？

（4）放大

能否增加什么？时间、频率、强度、质量、尺寸、附加价值、材料能否增加？

（5）缩小

能否减少什么？再小点儿？浓缩？微型化？再低些？再短些？再轻些？省略？精简？能否分割化小？

（7）代替

能否取而代之？其他材料？其他成分？其他配置？其他方法？其他制造工艺？其他能源？其他过程？其他场所？其他颜色？其他音响？其他照明？

（8）调整

可否调整顺序、排列、速度、条件、模式、配置？调整为其他的型号？其他设计方案？其他程序？其他工作状态？可否调换？

（9）颠倒

可否变换正负，颠倒方位？可否调换相对组件位置？可否前后颠倒？可否上下颠倒？反向有何作用？

（10）组合

在这件物品上可否加上别的东西？可否推出混合物、合金新品种、新配套？可否把零件、部件、连接件重新组合？目的能否组合？重要特征能否组合？

2.形态分析法

（1）属性列举法

属性列举法也称为特征列举法，是20世纪50年代美国内布拉斯加大学新闻学教授克劳福德提出的。他认为创造并不单凭灵感，很大程度上依靠改造和实验，这种改造并不是指机械地将不同产品结合起来，而是应对它有用的特点进行改造，改进时应尽量吸收其他物体的特点。

概括地说，属性列举法是一种通过列举、分析特征，应用类比、移植、替代、抽象的方法变换特征，获得发明目标的方法。

属性列举法操作程序：确定对象—列出特征—分析特征—提出设想。

列出特征就是应用分析、分解及分类的方法，将研究对象的逐项特征一一列出。逐项特征指的是名词性特征（包括结构、材料、整体及部分组成、制造工艺的名称）、动词性特征（包括产品的主要功能及辅助、附属性功能）、形容词性特征（包括大小、颜色、形状、图案、明亮程度、冷热、软硬、虚实等）。

分析特征就是从需要出发，对列出的特征进行分析、抽象并与其他物品进行对比，寻求功能与特征的替代，用替代的方法对原特征进行改造，在分析时尤其应抓住动词性特征。

提出设想就是应用综合原理将原特征与新特征进行综合，提出新设想。

在使用时应注意：所确定的研究对象应十分具体，若研究的是产品，应是具体的某一型号的产品；若研究的是问题，应是具体的哪一个问题，抽象的研究得不到应有的效果；所研究的题目宜小不宜大，对于较为庞大和复杂的物体应先将它拆为若干小部分，分别应用属性列举法进行研究，然后再综合考虑；列举属性时越细越好。

（2）缺点列举法

缺点列举法是通过列举缺点、揭示问题进行创新的方法。

缺点列举就是直接从人们的需要出发，去"挑毛病"。工厂的产品，市场的商品，一般都不可能十全十美，总会有这样那样的缺点，强调缺点就是强调问题，这样会激励人们去革新和创造。

（3）希望点列举法

希望点列举法是通过列举研究对象被希望的特征进行创新。所谓希望就是现实中没有的，它必须由想象产生。这些想象，有些是人们的需要引起的，还有些是人们在与其他物品类比时产生的，但都反映了人们对新事物及新产品的向往与追求。

由于列举的希望点与人们的需要相符，更能适应市场。列举希望点时尤其要打破思维定式，对于希望点列举法用到的一些"荒唐"意见，应用创造学的观点进行评价，不要轻易放弃。

九、思维导图思维训练

1. 什么是思维导图

思维导图又称心智图，是一种有效的图形思维工具，用于表达交流思想。它是一个革命性的思维工具。思维导图使用了图文并重的技巧，与主题、图像、颜色等关键词建立记忆联系，将一个主题的各个层次之间的关系分层显示出来，相互隶属和关联。思维导图使用记忆规则，全面利用左右脑功能。阅读和思考，协助人们在科学和艺术、逻辑和想象力方面平衡发展，从而激发人类大脑的潜力。因此，思维导图具有强大的功能。

思维导图是一种将放射性思考具体化的方法。放射性思考是人类大脑的自然思考方式，每一种进入大脑的资料，不论是感觉、记忆或想法，包括文字、数字、符码、香气、食物、线条、颜色、意象、节奏、音符等，都可以成为一个思考中心，并由此中心向外发散出成千上万的关节，每一个关节代表与中心主题的一个连接，而每一个连接又可以成为另一个中心主题，再向外发散出成千上万的关节，呈现出放射性立体结构，而这些关节的连接可以视为记忆，也就是个人数据库。

2. 制作思维导图的主要工具

A3或A4大的白纸。

一套12支或更多的好写的软芯笔。

4支以上不同颜色、色彩明亮的涂色笔。

1支标准钢笔或水笔。

3. 制作思维导图的十五条技法

（1）主题

最大的主题要以图形的形式体现出来。

我们以前做的笔记，都会把最大的主题写在笔记本纸面上最顶格的中间。而思维导图则把主题体现在整张纸的中心，并且以图形的形式体现出来，我们称为中央图。

（2）中央图

中央图要有三种以上的颜色。

（3）一个主题一个大分支

思维导图把主题以大分支的形式体现出来，有多少个主要的主题，就会有多少条大的分支。

（4）每条分支要用不同的颜色表示

每条分支用不同颜色表示，可以对不同主题的信息一目了然。

（5）运用代码

小插图不但可以强化每一个关键词的记忆，同时也能突出关键词要表达的意思，还可以节省大量的记录空间。当然除了这些小的插图，我们还有很多代码可以用，比如厘米可以用"cm"来代表。因此，可以用代码的尽量用代码。

（6）箭头的连接

在分析一些信息时，各主题之间会有相关联的地方，此时，可以把有关联的部分用箭头连起来，这样就可以很直观地了解到信息之间的联系。如果在分析信息时，有很多信息是有联系的，但若都用箭头连接起来会显得比较杂乱，解决这个问题的方法就是运用代码，用同样的代码在旁边注明，当看到同样的代码时，就知道这些信息之间是有联系的。

（7）只写关键词，并且要写在线条的上方

思维导图的记录用的都是关键词，这些关键词代表着信息的重点内容。不少人刚开始使用思维导图时，会把关键词写在线条的下面，这样是不对的，一定要写在线条的上面。

（8）线长=词语的长度

思维导图有很多线段，每一条线段的长度都与词语的长度一样。刚开始，使用思维导图的人会把每根线段画得很长，词语写得很短，这样不但不便于记忆，同时还会浪费大量的空间。

（9）中央线要粗

思维导图体现的层次感很分明，越靠近中间的线越粗，越往外延伸线越细，越靠近中心图字体越大，越往后面就越小。

（10）线与线之间相连

思维导图的线段之间是互相连接的，线条上的关键词之间也是互相隶属、互相说明的关系，而且线的走向一定要平行，换言之，线条上的关键词一定要让你自己能直观地看到，而不是把纸的角度转了120°才能看清楚自己写的是什么。

（11）环抱线

有些思维导图的分支外面围着一层外围线，它们叫环抱线，这些线有两种作用：①当分支多时，用环抱线把它们围起来，能让你更直观地看到不同主题的内容；②可以让整幅思维导图看起来更美观。

要注意的是，在思维导图完成后再画环抱线。

（12）纸要横着放

大多数人在写笔记时，笔记本是竖着放的，但做思维导图时，纸是横着放的，这样空间感比较大。

（13）用数字标明顺序

可以有两种标明顺序的方式，主要是以你的需要和习惯而定。

第一种标明顺序的方式：可以从第一条主题的分支开始，从数字"1"开始，把所有分支的内容按顺序标明，这样就可以通过数字知道内容的顺序。

第二种标明顺序的方式：每一条分支按顺序编排一次，比如第一条分支从"1"标明好顺序后；第二条分支再重新从"1"开始编排，也就是说，每条分支都重新编一次顺序。

（14）布局

做思维导图时，它的分支是可以灵活摆放的，除了能理清思路外，还要考虑合理利用空间，你可以在画图时思考，哪条分支的内容会多一些，哪条分支的内容会少一些，你可以把内容最多的分支与内容较少的分支安排在纸的同一侧,这样就可以更合理地安排内容。整幅图看起来也会比较平衡,画思维导图前,要记得思考如何布局会更好。

(15)个人的风格

学会思维导图之后,还应确立自己的风格,每一幅思维导图虽然都有一套规则,但都能形成个人的风格。

思维导图的这十五条技法中,关键词是最重要的一部分,因为思维导图只记录关键词,如果关键词选择不正确,思维导图所要表达的信息就不准确,要想学会全面地分析信息,你需要学会观察信息当中哪部分是关键部分,并搜索到它们的关键点,也就是关键词。

4. 思维导图制作实例

成立五十人兼职团队思维导图,如图2-1所示。

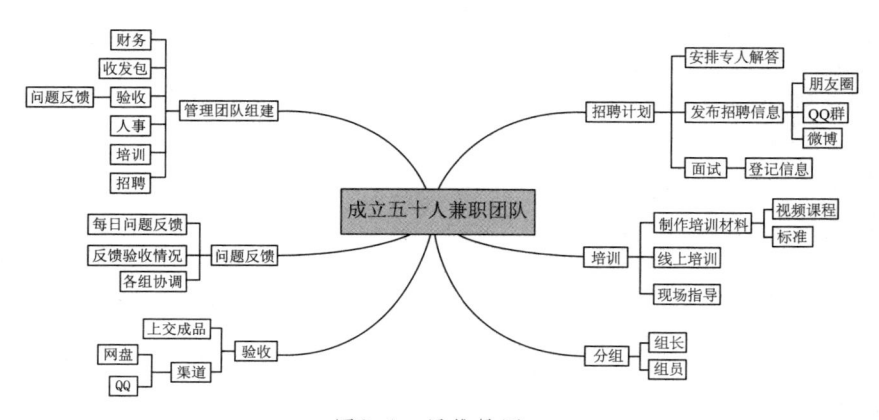

图2-1 思维导图一

武汉皆知文化传播有限责任公司"凌微毕业生训练营"思维导图，如图2-2所示。

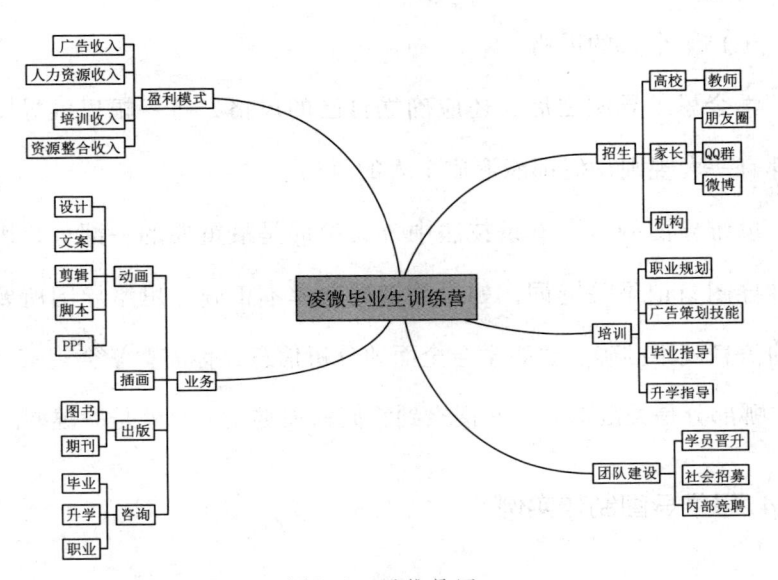

图2-2　思维导图二

第三章

大学生创业

第一节　创业的发展阶段与步骤

创立企业之初，需要做的准备、掌握的知识、具备的能力，方方面面，不胜枚举。虽然并非人人都要创业，但是每个人都应该对创业有所了解。在校的大学生更应该早早地学习创业知识，不仅仅是学习和了解创业本身，更重要的是趁风华正茂时拥有创新精神、创新自信力，并在未来运用到工作、学习、生活中。初创者无论从哪个方面起步，都要先建立全局观，提前了解企业发展的生命历程，洞悉创业的核心内容，理解关键要素之间的关系，这样才能真正将创新、创意运用到创业中，并针对自身的特点和优势，进行战略部署以及资源任务优先级的排序和分配。大学生创业，在缺乏实际工作经验的前提下，更要从以往的案例中学习和提炼创业者的经验与教训。这样，即使未来不选择创业，这些经验和教训也会对将来的实际工作、创新创意活动有积极的帮助和借鉴意义。

一、创业的三个发展阶段

初创企业的发展路径通常分为三个阶段，分别是作坊式阶段、规范化阶段和规模化阶段。经过了这三个阶段，企业会逐渐从发展壮大走向稳定成熟。

1. 作坊式阶段

这是企业的原始期。在原始期，初创企业需要完成"0到1"的原始积累。这个时期的企业需要凭借自身的优势，以产品、技术或者服务的形式占领市场。这个阶段的企业规模较小，类似于小作坊的工作方式，人员普遍少于百人。但同时拥有灵活的组织架构、高效的运营机制，正好符合企业发展初期需要多变方案和不断试错的特点。在作坊式阶段，需要企业有创新的精神和快速变现的营销能力。

2. 规范化阶段

这是企业的成长期。在这个阶段，企业凭借原始积累迅速成长，顺利的话，会经历"1到N"的转化过程。这个时期的企业需要将产品规范化、标准化，在保持自身优势的情况下，寻求新的增长点，并保持产品的稳定性。这个阶段的企业规模开始扩张，当人员开始过百的时候，不规范的流程和制度会成为企业发展的瓶颈，企业需要进行专业化转型，以便能应对业务扩展给企业带来的挑战。

3. 规模化阶段

这是企业的成熟期。在成熟期，企业已经经历了从原始到专业的转变，完成了从"N到N+"的升级。这个时期的企业已经形成了一套自己的运营机制，并从中摸索出了一套适合自己的生存法则，能够稳步地保持利润增长。这个阶段的企业规模又上了一个台阶，对规范、系统、平台管理都有更高的要求。这个阶段依然需要企业保持求新求变、日益创新的精神，将优势逐步规模化，进而形成生态。这里的生态可能是规模化效应产生的生态，也可能是与其他行业连接后形成的生态。总之，当规模化效应出现之后，会衍生出新的业态，带来新的机会并激发新的商业模式。

二、创业的六个关键步骤

企业从无到有，通常要经历六个关键步骤，如图3-1所示。这六个步骤分别是发现商业契机、制订商业计划、组建创业团队、寻找资金来源、组建初创公司、经营初创公司。

其中，发现商业契机、制订商业计划、组建创业团队、寻找资金来源这四个步骤属于创业的基础步骤，完成了这四步，就做好了创业的准备。接下来要想真正创立一个企业，需要进入创业的常规步骤，即根据国家既定的政策法规进入企业注册流程，组建初创公司，组建成功后正式进入公司的运营期。截至这个阶段，创业的常规步骤完成，梦想才真正开始启航。

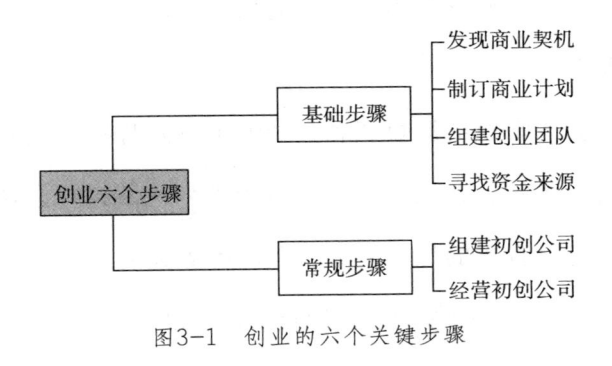

```
                          ┌── 发现商业契机
                          ├── 制订商业计划
              ┌─ 基础步骤 ─┤
              │           ├── 组建创业团队
创业六个步骤 ─┤           └── 寻找资金来源
              │           ┌── 组建初创公司
              └─ 常规步骤 ─┤
                          └── 经营初创公司
```

图3-1　创业的六个关键步骤

创建一个企业，发现商业契机是第一步，也是非常有挑战性的一步。创业者既要敢于创新，又不能盲目自信。为了确保商业契机的发现是慎重而合理的，在发掘商业契机的时候，宏观上需要遵循"顺势而为"的原则。

这里的"势"有两层含义：一是趋势，二是优势。趋势指的是外部因素，市场大环境的趋势优势指的是内在因素，创业的核心优势和核心竞争力。而所谓"顺势而为"是短期看"优势"，长期看"趋势"。创业的时候不能只看趋势，不能只要趋势好就不假思索地跳进去，否则不一定会有好的结果。例如，虽然互联网的发展趋势很好，但不一定适合所有初创团队，进入该领域之前还是要考量一下自身是否具备相应的优势。所以，短期能不能成功、快速地跑赢第一阶段，在某种程度上与趋势无关，而跟优势更相关，即应更关注是否具备核心优势和核心竞争力。但是，长期来看，趋势还是更重要。所以，为了长期发展，必须跟对趋势、用足优势。特别是当市场上产品的同质化较为严重的时候，团队必须要有核心竞争力才能脱颖而出。

因此，创业需要把握短期和长期的契机及势态，既要充分发挥核心竞争力，了解、认识和评估自身的优势，做到有自知之明，保证所谓的优势是真正的优势，又要顺应外界大的趋势，每一步的经营都符合大的环境，确保企业长期持续地发展。

把企业的第一步走对很重要。当企业循序渐进、步步为营，从基础步骤进展到常规步骤时，创业者创业的序幕才刚刚开启。

第二节　创业的关键和核心

创业不是一件某个人有了想法、有了项目或有了资金就可以开始干的那么简单的事情。创业在任何时代都不是新生事物，它有自身自然朴素的内在规律。很多时候，不管多么高深的事物，都离不开简单而朴素的真理。有的时候，往往背后的道理对了，做的事情也就对了。在深入学习新领域的知识之前，先了解事物背后的规律及方法论，并树立正确的价值观，这比立刻执行来得重要得多。

一、企业九字诀

企业的九字诀是指价值观、方法论、执行力。

价值观决定着企业经营的方向。

方法论是思维模式，是企业操作执行的专业依据，企业经营之道虽然随着时代的变迁会呈现不同的样貌，但是有很多基本法则是不会被颠覆的。遵循一定的方法论，在某种程度上可以帮助创业者少走弯路。

执行力是企业从探索运营到成功的必经之路，积极地执行、勇敢地试错往往比空间的想象要实际得多。

企业建立之初，不妨多花点时间思考企业应建立起怎样的价值观。在正确的价值观的指导下，运用一定的方法论，在强大的执行力的推动下，企业将迅速步入正轨。

二、创业的三大核心内容

企业的九字诀中，除了价值观和执行力以外，最关键的就是方法论。它主要涉及四个内容，分别是产品、商业模式、团队管理和市场营销。其中，商业模式、团队管理和市场营销是创业的三大核心内容，简称"3M"。在创新内容中，大部分都在强调一件事情，那就是创意想法，而产品就是创意想法落地后形成的实体，创业的三大核心内容就是让产品实体能商业化落地的方法论，方法论不但能提供专业的思维模型、方法工具，而且可以帮助创业者建立专业的思维模式。在众多方法论中，创业者需要特别关注这三大核心内容，这三大核心内容相互关联、相互影响，是创业者可以遵循的方法。

1. 三个核心的相互关系

这三者的每一项都有过成熟的方法论，甚至都可以成为单独的一门学科。对于创业者而言，了解商业模式是创业的第一步思考，团队管理是创业的人员组织实施。市场营销是创业的商业实施。创业的产品从实体到商业化落地，需要这三驾马车齐头并进，缺一不可。它们彼此之间相互关联，又相互影响。产品的创意实现需要有明确的价值主张、准确对应的目标用户、明确的自身资源优势、客观的现状分析、有针对性的市场营销策略等。这里的价值主张决定着后续商业模式的方向、人员的选择和管理、市场推进的方式，三者相互牵连、相辅相成，形成了商业落地计划，促成了最终商业化落地的实现。因此，充分地了解三者的内容和关系，对运用这些方法论指导商业落地有切实的帮助。

2. 三个核心的投资者视角

在团队管理、商业模式和市场营销这三个核心内容中，如果要分优先级的话，投资者较看重的是团队管理和商业模式。投资一个项目首先关注团队，包括团队的激情、创始人的眼界和志向及其组织实施能力。这些都是衡量团队的重点。有了团队之后，再看商业模式。投资圈有句名言："投资就是投人。"创业的过程就是验证一个假设的商业模式的过程，这种假设可能成立，但大多数时候不成立，因此商业模式的变化是很正常的事情。很多优秀的投资者选择项目时，首要考虑的往往不是商业模式，而是创始团队，尤其是创始人的综合能力。与充满变数的商业模式相比，创始团队的能力反而是容易衡量的，他们也是商业模式的设计者和执行者。特别是在多变的商业动态中，各种变化层出不穷，创始人及其团队应对挑战的能力反而是众多未知因素中相对可知、可控的因素。他们对商业模式的设计懂得适时调整，同时在执行的过程中也懂得灵活机变。

第三节　团队管理

创业团队是指在创业初期（包括企业成立前和成立早期）由一群理念相同、才能互补、责任共担、有共同目标的人所组成的特殊群体。马克·扎克伯格（Mark Zuckerberg）曾经说过："对于一位想要闯出属于自己一片天地的创业者来说，组建一支优秀的团队是非常重要的事情，这也是我个人一直在做的事情。"打造一支优秀的团队，对于创业者来说是至关重要的工作之一。

一、团队构成

1. 创业团队的特点

创业团队不同于一般的工作团队。创业团队是在企业初创时期建立的，目的在于成功创办新企业，而一般团队的组建只是为了解决某类或者某个特定问题。因此，创业团队具备以下特点。

第一，心态更加开放。创业团队的目的是开发新的产品、拓展新的市场、开创新的局面，这往往意味着这个团队要运用新的管理思想、创立新的组织形式。这种"新"往往意味着新的机会，因此需要团队用更加开放的心态去接受新兴事物，也需要以更加开放的心态来包容不同。

第二，节奏更加紧张。合格的创业团队有强烈的目标导向，在初期更多以解决问题、创办企业为核心目标，对其他问题关注很少，因此对规章制度、流程方面的要求会相对较低，这也使创业团队的架构较为扁平，成员间沟通比较直接，整个团队运转起来更加紧凑、高效。

第三，工作更不稳定。创业团队由于受到金钱、技术、市场环境等因素的限制，往往在初期比较艰苦。不少如今的互联网公司的高层管理者、明星创业者，在创业初期只能在租来的小房间里熬夜拼命编写代码、迭代产品。团队成员甚至无法保证稳定的收入和工作节奏，加之市场环境的变化与威胁。战略可能不断调整，经常出现今天做出的决策明天就会因为某个原因而不得不进行调整的情况。这种不稳定性也是创业团队的特点之一。

2.贝尔宾团队角色理论

对于团队而言，最重要的就是人，人的构成会影响组织的成败。英国团队管理专家贝尔宾（Belbin）观察成功团队时发现，当一个团队具备以下九种不同角色时，通常能够良好地运营。

（1）智多星

典型特征：有个性、思想深刻、不拘一格。

积极特性：才华横溢、富有想象力、智慧、知识面广。

能容忍的弱点：高高在上、不重细节、不拘礼节。

在团队中的作用：提供建议、提出批评并有助于引出相反意见，对已经形成的行动方案提出新的看法。

（2）审议员

典型特征：清醒、理智、谨慎。

积极特性：判断力强、分辨力强、讲求实际。

能容忍的弱点：最先看到消极的一面，缺乏鼓励和激发他人的能力，自己也不容易被别人鼓励和激发。

在团队中的作用：对繁杂的材料予以简化，并澄清模糊不清的问题，评价他人的判断和作用。

（3）专业师

典型特征：诚实、从自我做起、专注、能在急需时带来知识和技能。

积极特性：能够提供不易掌握的专门知识和技能。

能容忍的弱点：专业领域比较单一，只懂自己擅长的特殊专业领域，对其他事情兴趣不大。

在团队中的作用：解决与其专业领域相关的问题，并借由其专业领域资源进一步扩展公司资源；这种角色可以是员工形式，也可以是外聘顾问形式。

（4）外交家

典型特征：性格外向、好奇心重、联系广泛、消息灵通。

积极特性：有广泛联系人的能力，不断探索新的事物，勇于迎接新的挑战。

能容忍的弱点：兴趣转移快。

在团队中的作用：提出建议，并引入外部信息；接触持有其他观点的个体或群体；参加磋商性质的活动。

（5）协调者

典型特征：沉着、自信、有控制局面的能力。

积极特性：对各种有价值的意见不带偏见地兼容并蓄；看问题比较客观。

能容忍的弱点：在创造力方面稍显不足。

在团队中的作用：明确团队的目标和方向，选择需要决策的问题，并排出它们的先后顺序，帮助确定团队中的角色分工、责任和工作界限。

（6）凝聚者

典型特征：擅长人际交往、温和、敏感。

积极特性：有较强的适应周围环境以及人的能力，能促进团队的合作。

能容忍的弱点：或多或少会有"讨好型人格"，在危急时刻有可能会优柔寡断。

在团队中的作用：打破讨论中的沉默，采取行动扭转局面或克服团队中的分歧。

（7）鞭策者

典型特征：思维敏捷、开朗、会主动探索。

积极特性：有干劲，随时准备向传统、低效率、自满自足挑战。

能容忍的弱点：好激起争端、易冲动、易急躁。

在团队中的作用：寻找和发现团队讨论中可行的方案，使团队内的任务和目标成型，推动团队达成一致，并朝向决策行动。

（8）执行者

典型特征：保守、顺从、务实可靠。

积极特性：有组织能力、有实践经验、工作勤奋、有自我约束力。

能容忍的弱点：缺乏灵活性，对没有把握的主意不感兴趣。

在团队中的作用：把谈话与建议转换为实际步骤，考虑什么是行得通的、什么是行不通的。

（9）完成者

典型特征：勤奋有序、认真、有紧迫感。

积极特性：理想主义者、追求完美、持之以恒。

能容忍的弱点：常常拘泥于细节，容易焦虑，不洒脱。

在团队中的作用：强调任务的目标要求和活动日程安排，在方案中寻找并指出错误、遗漏和被忽视的内容，促使团队成员产生时间紧迫的感觉。

这九种角色与团队的规模无关，并非一个团队必须由九个成员扮演九种角色，有时多个成员承担一种角色，有时一个成员承担多种角色。例如，在《西游记》中，唐僧师徒四人就是一个典型的完整团队：唐僧是凝聚者、完成者，孙悟空是鞭策者、智多星、专业师，猪八戒是外交家、审议员，沙和尚是协调者、执行者。

对于每个职场人来说，工作中通常会有两种角色，即职能角色和团队角色。职能角色是指与工作直接相关的个人特质，是由个体的专业知识和专业技能所决定的；团队角色与个人性格关联更大，比如个人价值观、脾气秉性等。因为团队工作中大部分时间需要与其他成员沟通交流，团队角色或者说个人性格决定了团队成员之间的相处模式。团队成员身上这两种角色叠加的效果会影响到每个人在团队中的定位。

二、优秀团队五个特征

创业团队不同于成熟的团队，会更加频繁地面临新挑战和新机遇，在初期摸索阶段需要不断根据目标进行调整。一个优质的团队，在面对挑战时能够很好地合力直面挑战、化解危机；面对机遇与短期利益时，也能够秉承初心，踏实地打磨自己的产品。

1. 愿景统一，价值认同

相比多数传统成熟行业按部就班的工作，创业团队需要在不断探索中对组织结构和创业产品不断进行优化，这就意味着每个人都需要有很强的自我驱动力才能推进组织的集体进步，而这种自我驱动力多数情况下来自个人的价值认同。

团队为何组建？创业项目希望解决什么问题？满足哪一类消

费者的哪些需求？当团队成员从心底认同这样的商业模式或创业逻辑，认为这样的事业能够收获自我价值时，才能有足够的自我驱动力不断进行优化和创新。这正是优质创业团队需要的特质。

2. 沟通无阻，相互信任

创业团队面临的一个重要挑战就是与时间赛跑。面对每天都有新变化的市场环境，除非是绝对的"蓝海"市场，否则很容易被竞争对手超越甚至替代。基于这样的客观条件，提升效率成为创业团队首先要解决的问题。而在团队合作过程中，沟通占据很大比例，能够高效沟通的团队往往能够更快解决问题、产出成果。

培养高效沟通的习惯，不论对创业还是就业，都是一项重要的软技能。优质的创业团队在沟通上普遍有这样几个特点：平等沟通、善于沟通、及时反馈、选择合适的方式和渠道。这些都是高效沟通的基本原则。

3. 接受不同，敢于试错

创业者组建团队时，会不由自主地选择和自己经历类似的伙伴，这种"类己"偏好是人的正常心理。但对于创业团队而言，能越多地融合多种特质的成员、接受不同特质的伙伴，长期来看这个组织就越稳定，也越有利于组织创新。

另外，创新是个不断试错的过程，再伟大的想法不去执行也只是纸上谈兵。而试错过程有成功也有失败，一个成熟的团队，应当有能力接受一些非原则性的错误，这样才能最大限度地保留成员的创新精神。但管理者更应该关注组织的抗风险能力，在试错前合理评估风险。

4. 拥抱变化，追求完美

变化是唯一不变的事情，对于创业团队更是如此。由于多数团队初期都是摸着石头过河，很多时候可能为了完成工作而连续通宵奋战，而大环境的突然变化却使辛苦付之东流，刚刚摸索出的营销模式，一投入市场就遭到了否定等不可预料的情况经常发生。这时候最重要的是要有拥抱变化的正向心态，接受变化，让自己也随着变化而调整。与此同时，不能因为潜在的变化和风险就敷衍了事，应秉承每一次都是第一次的创业者精神，将每一项工作做到极致，这样的团队才有能力去应对多变的市场环境。

5. 多想一步，主人翁精神

初创团队不像成熟团队已经有了相对清晰、明确的工作分工，很多时候每位成员都需要担负超出本岗位的工作与责任。而在这样的压力与挑战下，一个优秀、成熟的创业团队中的成员，会体现出非常好的主人翁精神：积极主动地承担更多工作，具有奉献精神、责任意识、集体观念，以解决问题为核心目标。具备这种精神的创业团队，能够很快超越其他创业团队。

二、常见创业团队类型

基于不同的商业模式和产品特点，创业团队有很多种类型，每家公司又会根据自身情况进行具体的调整。这些团队类型并没有好坏之分，甚至团队类型也是在动态调整中来适应不断变化的团队组合及时下需求的。

1. 星型团队（Star Team）

这一类型的团队架构就像一个"*"号——团队中以核心人物为主，辐射自己周边的人脉资源。核心人物选择团队成员并组建团队。

比如，大学生小刘在校期间看中了一个紧靠大学城的店铺，用从家人那儿借来的资金开了一家小商店，专门面向大学城的学生群体出售一些日常用品。为了保证良好经营，他又雇用了两位同学，一位是自己的同班同学小李，小李擅于做新媒体。看到小刘做生意后，同学小王主动请缨，要加入他的团队，负责小店的货源对接。在这个项目中，小刘作为核心人物，掌握着重要事件的决定权，小王和小李更多的是扮演支持者的角色。

这种创业团队有四个明显的特点。

①团队的各个角色基本以核心人物为主。

②组织决策程序相对简单，"老大"说了算，运作效率较高。

③核心人物会导致权力过分集中，从而加大决策失误的风险。

④核心人物的特殊权威，使团队其他成员在与其发生冲突时往往处于被动地位。在冲突较严重时，会导致团队分散甚至团队成员离职，因而对组织的影响较大。

2. 网型团队（Net Team）

这种类型的团队成员关系比较平等。通常是同学、亲友、同事、朋友等，在彼此的交往或合作过程中，因为某种契机或者共同认同的想法，达成了共识以后，开始共同进行创业。在这样的创业团队中，没有特别的核心人物，每个人都根据各自的能力和特点进行了组织的角色定位。这样，就形成了早期创业团队的各司其职的协作、伙伴关系。

例如，2018年有一家"网红"创业餐厅，是由几位医学院的学生合作创立的，他们都是某个学校的同学，共同投资、共同选址、共同研究产品及营销方式。基于这样的创业背景，创业餐厅遇到关于项目发展的关键问题时，需要大家一同探讨和商议。

这种创业团队有以下四个明显的特点。

①团队成员各司其职，整体结构较为松散（这只是一种团队组建方式，松散不一定代表不完善，这种组建方式反而对创新有很积极的作用）。

②组织决策时，通过沟通和讨论达成一致意见，以集体决策为主。

③团队组织架构扁平且权力相似，扩张后有可能形成多意见、多标准的局面。

④民主平等的协商和沟通，可以充分听取各方意见，避免冲突，保持团队稳定。但当团队成员间的冲突升级而有成员撤出时，容易导致整个团队的涣散。

3. 树型团队（Tree Team）

这种团队结构较为常见，更接近成熟公司的架构。当公司发展到一定规模时，无法像星型结构一样一个人决定所有的事情，也无法像网型结构一样有事全体商议，这时候就产生了树型结构。树型结构的特征是有明显的汇报线，每个层级有决策人，就像树的主干和枝干，按照公司规模及业务方向，可以划为不同业务线及结构分支。

创业公司的结构通常会更加简单，层级更少。随着公司的发展壮大、不断扩张，职能部门也会不断增加。人力资源架构的搭建是创业之初非常重要的一环，搭建的过程可以解决和明确很多问题。在此过程中需要考虑的内容有公司战略和目标、岗位职责权力、人数分配、激励体制、薪资制度等。组织架构是公司的骨架，但不能为了架构影响到组织的高速迭代和创新发展，否则会本末倒置，失去组织架构的意义。

四、创业团队组队风险

如果说合理的商业模式和完美的团队组成可以使一个创业项目走得更快,那么高度的风险意识就能使团队走得更远。对于创业团队,需要尽可能规避涉及利益、团队管理以及法律和道德方面的风险。

1. 利益风险

(1)股权分配

在创业团队发展过程中,不少团队会出现"能共苦,不能同甘"的尴尬局面,究其原因,是因为在一开始的时候没有确认股权分配机制。有的人觉得这样是创始人彼此之间不信任的表现,所以拒绝分配,以致到了后期出现问题。但是这其实是通过法律的手段,公平公正地设立了一套创业团队的利益划分机制。另外,在做出重大决策时,用股权机制决定话语权的大小,是能够将问题合理化解决的重要方式。

对于早期股权难以划分的问题,可以由创始人一个人代持,但要约定在一定时间后重新分配股权。这是一个磨合期,经过这一段时间的经营,看看谁更擅长什么,谁的贡献更大,并以此作为评估的基础。

(2)权力分配

就像前面提到的,当团队发展到一定规模时,各个核心成员有了大致的工作分工，核心创业者需要将权力下放给每个成员。这个过程不是一蹴而就的，而是基于对每个人的了解，有的放矢地授权，并赋予相应权力。权力的分配与成员本人的工作能力、性格特点等有较强关联，在分配前需要对该成员进行全面客观的测评或考量。

（3）职责分配

对于每位团队成员，尤其是团队发展到一定阶段后的核心管理层成员，必须要明确的是，不仅仅要赋予他权力，还应让他承担相应的职责，即这个岗位需要达到什么样的工作目标，产出什么样的成果等。只有在人才管理系统中明确各岗位及业务线的标准，才能更加有效、规范地进行工作的推进。

2.团队管理风险

（1）团队情绪管理风险

创业团队由于压力大、转型快等原因，不可避免地会经常面对个人情绪管理问题。这些情绪的出现是正常的，管理者要做的是引导大家缓解这种情绪，并把对团队造成的损耗降到最低。面对情绪问题，管理者首先要识别出负面情绪，比如部分成员的工作行为与以往相比发生了变化，出现沉默、抱怨、推诿的表现等。接下来，要接受这种情绪而不是强迫大家放弃消极情绪，毕竟没有人喜欢压力。这之后，需要管理者搞清楚每个人的情绪来源，决策失误、分配不公等都有可能造成情绪的波动。通过真诚有效的沟通，平衡好成员的深度需求，在改善个人情绪的同时，团队的管理质量也将是一次质的飞跃。

（2）团队成员流失风险

不管是出于组织原因还是个人原因，团队中的人员变动是创业过程中的常见情况。如何将团队成员流失的风险降到最低，尽最大可能保证组织平稳过渡，是管理者必须要考虑的问题。如果管理者将团队成员的各种情况提前掌握，并能够提前准备和规划，就能有效避免各种突发状况的发生。

（3）团队成长停滞风险

真正优秀的管理者一定会把员工视为企业最为宝贵且实现企业价值增值的第一资源，并把带队伍、育员工视为自己的首要任务。在企业发展的各个阶段，对于每个成员的要求不尽相同，每个成员只有不断提升自我，才能不断地变化、进步。这时，管理者需要对成员的个人成长进行有意识的引导，并积极提供各种资源帮助成员步伐一致、共同发展，不要因为成员个人成长的停滞，导致团队能力不能与企业的发展状况相匹配。

3. 法律及道德风险

（1）基本法律意识

大学生法律意识的缺失主要体现在两个方面：一是缺少法律意识，在企业管理和商业活动中无意识地触犯了法律红线；二是因为缺乏对法律常识的了解，不懂得运用法律武器保护自己，进而影响了企业的发展。创业者只有具备基本的法律风险的识别能力，才能更好地对企业进行适应市场规则的运营与管理，有效地对各类法律风险进行预先防范，提高企业的抗风险能力，从而适应现代企业运营的法制需求。

（2）基本道德意识

良好的道德品质永远是一个人或一个集体最宝贵的财富。能力决定一栋大楼能否建成，而创业者及团队的道德意识决定这栋大楼能否建得牢固。一个诚实守信的企业，能收获更多的客户；一个专业靠谱的团队，能够提升投资者的信心。而作为创业团队的管理者，更需要以身作则，对有悖道德的行为和想法进行坚定的否决。伟大的企业可以改变世界，但更重要的是，通过创业者的创造力，让世界变得更好。

第四节　商业模式

创业之初，创业者最需要重点设计和思考的核心内容就是商业模式，这同时也是整个创业过程的难点之一。成功的商业模式，往往充满创新创意的"基因"，同时又符合当下消费时代的市场规律。天马行空的点子和可落实地的方案需要完美结合，才能达到预期效果。

借助商业模式设计工具——商业画布，完成商业模式的设计，可以帮助创业者梳理思考过程、完善创业思路，在不断的迭代中不迷失方向。同时，配合头脑风暴、可视化思维等工具和方法，可以激发更多创意，以解决和应对创业过程中不断出现的挑战和困难。所谓好的商业模式，其实就是最适合的商业模式，而这是创业者在不断的试错、打磨、验证中寻找和摸索出来的。

一、商业模式

随着互联网时代的到来，很多传统的商业模式被颠覆，很多新业态下的新型商业模式登上舞台，并崭露头角。突破传统模式，创建新的生活方式、创造新的商业场景，已经成为新经济形势下初创企业勇于探索的方式。寻找并打磨出适应当下、适合自身优势的商业模式，是初创企业首先需要思考的问题。

1. 什么是商业模式

商业模式是企业围绕客户价值最大化构造价值链的方式。

所谓商业模式就是企业围绕客户价值而开展的各项价值活动的总称,是企业各种战略运用的结合体和组合表现形态,它关注的是如何通过有效的战略组合进行价值创新和系统运营,从而构建企业的核心竞争力。

商业模式的内在范围涵盖了企业的整个运营流程,也就是我们通常所说的价值链。它是一个整体的、系统的概念,而不仅仅是一个单一的组成因素,是由融资、研发、生产、营销等相关联的价值活动所构成的,是企业构造价值链的方式。

2. 什么是商业画布

在研究分析商业模式时,目前普遍采用的工具是商业画布,如图3-2所示。运用商业画布,可以逐一梳理产品、产业、服务涉及的方方面面。这个工具可以确保创业者在企业创立之初不遗漏关键点,不偏离价值观。商业画布一共包含九个核心模块。每个模块的内容和含义逐一介绍如下。

关键合作伙伴	关键业务	价值主张	客户关系	客户细分群体
	核心资源		分销渠道	
成本结构				收入来源

图3-2　商业画布

①价值主张：指企业通过其产品和服务所能向客户提供的价值。价值服务确认了企业对客户的实用意义。价值主张的简要要素如图3-3所示。

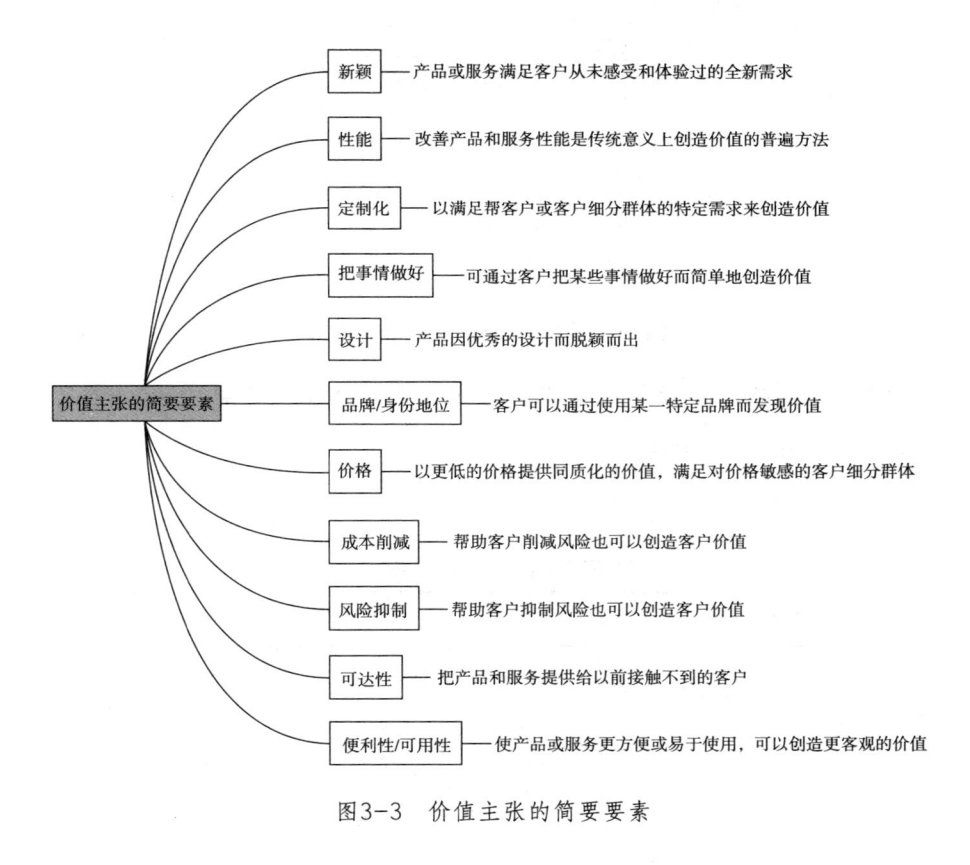

价值主张的简要要素：
- 新颖——产品或服务满足客户从未感受和体验过的全新需求
- 性能——改善产品和服务性能是传统意义上创造价值的普遍方法
- 定制化——以满足帮客户或客户细分群体的特定需求来创造价值
- 把事情做好——可通过客户把某些事情做好而简单地创造价值
- 设计——产品因优秀的设计而脱颖而出
- 品牌/身份地位——客户可以通过使用某一特定品牌而发现价值
- 价格——以更低的价格提供同质化的价值，满足对价格敏感的客户细分群体
- 成本削减——帮助客户削减风险也可以创造客户价值
- 风险抑制——帮助客户抑制风险也可以创造客户价值
- 可达性——把产品和服务提供给以前接触不到的客户
- 便利性/可用性——使产品或服务更方便或易于使用，可以创造更客观的价值

图3-3 价值主张的简要要素

②客户细分群体：指企业所瞄准的客户群体。这些群体具有某些共性，从而使企业能够针对这些共性创造价值。定义客户群体的过程也被称为市场划分。客户细分群体类型如图3-4所示。

客户细分群体类型
- 大众市场
- 利基市场
- 区隔化市场
- 多元化市场
- 多元平台或多边市场

图3-4　客户细分群体类型

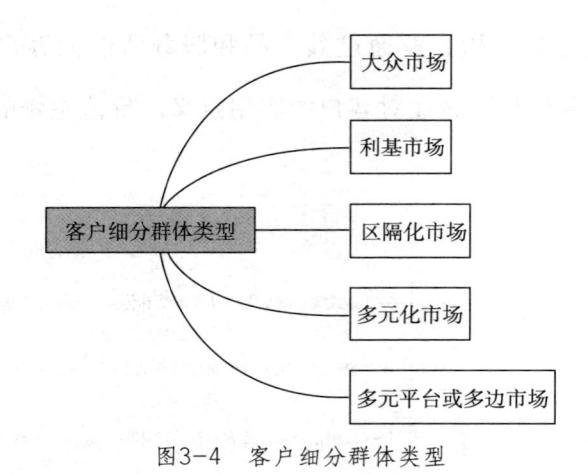

③分销渠道：指企业用来接触客户的各种途径。它阐述了企业如何开拓市场，还涉及企业的市场和分销策略渠道的类型和阶段，分销渠道如表3-1所示。

表3-1　分销渠道

渠道类型		渠道阶段				
自有渠道	直接渠道	销售队伍	1.认知：我们如何提升客户对企业产品和服务的认知	2.评估：我们如何帮助客户评估企业的价值主张	3.购买：我们如何协助客户购买特定的产品和服务	4.传递：我们如何把价值主张传递给客户	5.售后：我们如何提供售后支持
^	^	在线销售	^	^	^	^	^
合作伙伴渠道	非直接渠道	自有店铺	^	^	^	^	^
^	^	合作伙伴店铺	^	^	^	^	^
^	^	批发商	^	^	^	^	^

④客户关系：指企业和它的客户群体之间所建立的联系。我们所说的客户关系管理即与此相关。客户关系类型如图3-5。

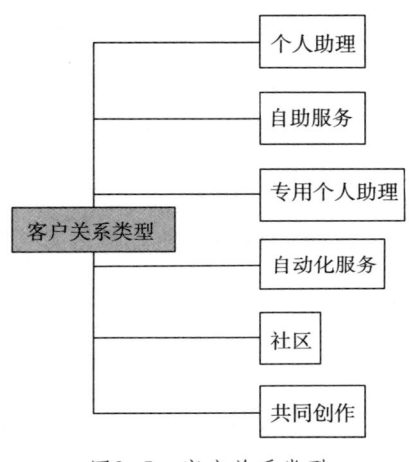

客户关系类型
- 个人助理
- 自助服务
- 专用个人助理
- 自动化服务
- 社区
- 共同创作

图3-5 客户关系类型

⑤关键合作伙伴：指企业同其他企业为有效地提供价值并实现商业化而形成的合作伙伴网络，这也描述了企业的商业联盟范围。

⑥核心资源：指企业所控制的、能够使企业设计好的战略得到实施，从而提高企业经营效率的资源。它包括全部的财产、能力、竞争力、组织程序、企业特性、数据、信息、知识等。

⑦关键业务：企业通过执行一些关键业务活动来运转商业模式。如图3-6所示。

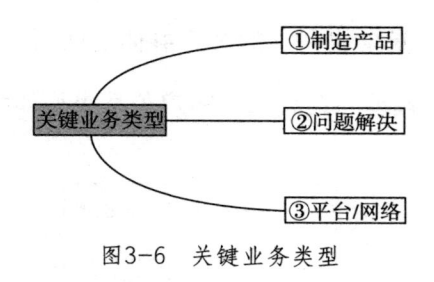

```
                    ┌── ①制造产品
关键业务类型 ├── ②问题解决
                    └── ③平台/网络
```

图3-6　关键业务类型

⑧成本结构：它是企业所使用的工具和方法的货币描述。受成本驱动的商业模式——侧重于在每个地方都尽可能地降低成本。例如某些航空公司提供廉价机票（不提供非必要服务）。受价值驱动的商业模式——专注于创造价值，比如高度个性化服务、豪华酒店等。

⑨收入来源：指企业通过各种收入流来创造财富的途径。不同收入来源，有固定定价及动态定价两种方式，收入模型如图3-7所示。

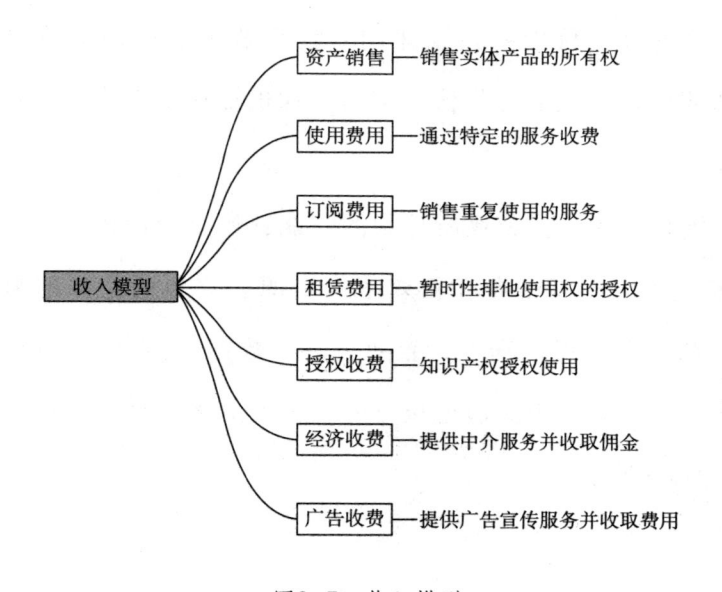

```
             ┌── 资产销售 ── 销售实体产品的所有权
             ├── 使用费用 ── 通过特定的服务收费
             ├── 订阅费用 ── 销售重复使用的服务
收入模型 ├── 租赁费用 ── 暂时性排他使用权的授权
             ├── 授权收费 ── 知识产权授权使用
             ├── 经济收费 ── 提供中介服务并收取佣金
             └── 广告收费 ── 提供广告宣传服务并收取费用
```

图3-7　收入模型

3.商业画布的分析顺序

九个模块分析的顺序如下：价值主张—客户细分群体—分销渠道—客户关系—收入来源—核心资源—关键业务—关键合作伙伴—成本结构。分析的顺序并不是绝对固定的，只要能把各个模块分析清楚，并把各个模块之间的关系理顺即可。

二、商业模式设计五步法

1.第一步——动员

（1）内容：动员阶段属于前期准备阶段，参与商业模式设计的人需要在一起了解商业模式的内涵和元素，以及元素之间的关系，并且整理出一套共同的语言来交流如何设计商业模式。

（2）关键：要识别跨学科、跨领域的利益相关者，选择合适的人进入设计团队。

（3）风险：可能会高估初始创意的价值，这在创业公司中很常见。

（4）工具：利用便利贴、马克笔等方式绘制商业画布，运用讲故事的方法来进行动员。

2. 第二步——理解

（1）内容：理解商业环境，勾勒出要研究的问题，理解阶段重在钻研。在此阶段，创业团队要满足商业模式要素的要求，完全沉浸在相关的知识领域里，这里的知识主要涉及客户、技术和环境三个方面。搜集信息，访谈专家，研究潜在客户，还要识别需求和痛点。

（2）关键：要对潜在市场进行深入的调研，而不是仅仅对传统市场进行观察。

（3）风险：设计者受到初始创意高估的影响，可能歪曲了对市场的理解，夸大或者缩小了某些因素的影响。

（4）工具：商业画布、商业模式类型、客户洞察、思维可视化、场景假设、商业模式环境、评估商业模式等。

3. 第三步——设计

（1）内容：设计阶段重在探究。将前一阶段的信息和创意转化为可被开发和验证的商业模式模型。在深度探究商业模式后，选择最满意的商业模式进行设计。要挣脱现实的束缚，以头脑风暴的形式参与设计，鼓励团队成员提出天马行空的点子，之后再回到现实，进行选择和决策。

（2）关键：要求不同类型和不同部门的人一起基于之前的调研

进行探讨。

（3）风险：没有深入探讨，过早得出结论，忽略了一些好的想法，或忽略现实操作的可行性，难以执行。

（4）工具：在设计阶段不仅会将第二步理解阶段的工具进行实践运用，同时还会用到构思、圆点投票法、原型制作等多种工具。

4. 第四步——实施

（1）内容：实施阶段就是执行，即实施所选的商业模式设计。

（2）关键：团队要有好的执行力和沟通力。

（3）风险：管理人员有可能会认为商业模式已经设计好了，出现积极性降低的现象，不如早期推进的速度快，导致错失迅速抢占市场的良机。

（4）工具：除了前而提到的很多工具外，思维可视化、故事板等工具都能使实推过程更便于理解，使实践过程更简单。

5. 第五步——管理

（1）内容：管理阶段就是进行商业模式演进，建立管理组织架构来持续地监控、评估、调整或改变商业模式。具体工作包括规划项目及工作量。提取实施计划、概述后续关键指标，选择衡量标准。选择合适的团队和成员，赋予责任，确保持续改善。

（2）关键：团队要保持主动积极的态度，尽量向前看。

（3）风险：当发现商业模式可以赚钱后，误以为自己完全成功了，从而放弃思考。

（4）工具：运用思维可视化、场景假设进行不断改进，通过改变商业模式环境，评估商业模式，做好最新情况下的商业模式监控，对商业模式进行评估、调整或改变。

第五节　商业计划书及路演

商业计划书是指创业者在拥有一个创意或想法之后，对想法进行梳理后形成的文字形式的文档。商业计划书可用于参赛，也可用于展示，更可以用于自我产品发展的思考。商业计划书的核心内容需要结合实际操作，特别是当开始融资或者需要进入赛事的时候，每个模块的撰写都需要细细推敲。同时，路演会是商业计划书的精品版本，如何在有限的时间内，利用有限的篇幅，表达准确的意图，这些都需要创业者细致了解并认真准备。

一、商业计划书

1. 什么是商业计划书

商业计划书（Business Plan，BP）是公司、企业或项目单位为了达到招商融资和其他发展目标，在前期对项目科学地调研、分析、搜集与整理有关资料的基础上，根据一定的格式和内容、具体要求而编辑整理出来的一个向投资者全面展示公司和项目目前状况、未来发展潜力的书面材料。在创业大赛中，商业计划书是参赛的重要文档，也是对创业者、参赛者的商业运作情况的深入了解和检验手段之一。

（1）商业计划书的基本内容

学习撰写商业计划书，从模板入手时，需要了解它的基本内容包括什么，这些内容彼此之间是怎样的关系，以及对于出现的各种文本类型应该如何驾驭。有了基本的框架，再开始撰写，就不会跑题。一份完整的商业计划书基本会包含以下内容：封面、目录、摘要、产品介绍、市场分析、痛点分析、竞品分析、营销策略、风险分析、盈利模式、财务计划、团队组成等，也有商业计划书会因自身的项目发展涉及融资计划、关键进度表等内容。

（2）商业计划书各模块的关系

第一，文本规范。封面、目录、摘要的撰写虽然没有什么特别的技术含量，但是这几部分内容首先要符合最基本的文本规范要求，其次要清晰简洁，对整个文档进行引导和精化，使商业计划书对阅读者更友好。其他各部分在文本规范上尽量遵循数据充分、图文并茂的原则，数据、图表都会让内容得到有效支撑。

第二，内容逻辑关系。在整个商业计划书的阐述中，几个核心模块是有内在逻辑关系的，并且环环相扣。通过对市场进行分析，了解目标市场的前景现状，寻找用户痛点后，并做痛点分析，才能抓住市场的商机。在目标市场中深入分析竞品情况，能帮助创业者定位自身产品的核心，定位对手，刻画行业用户画像，使核心商业战场呼之欲出，进而开启盈利模式，营销策略在这个基础上被创新成型。财务计划是对商业模式、盈利模式、营销策略的检验，以上三者是否合理有效，在财务的利润营收的计算中，都会找到结论。对商业模式的了解有助于盈利模式、财务计划的撰写。市场营销部分内容有助于市场分析、痛点分析、竞品分析、营销策略的撰写，而团队管理的部分有助于团队组成的撰写。产品介绍可以在开始的部分提到，也可以在进行痛点分析后在抓住商机的部分专门呈现，这可以根据自身产品的生成逻辑来灵活调整，使产品部分呈现最好的样貌。

第三，侧重关系。在商业计划书中，除了文本规范涉及的内容外，商业模式（盈利模式）、市场营销（市场分析、痛点分析、竞品分析、营销策略）、团队管理（团队成员）部分都属于核心模块，核心模块的展示对整个商业计划书的质量起着决定作用。

3.商业计划书的文本类型

商业计划书提交的文本格式分为Word、PPT、思维导图、PDF和其他类型。

（1）Word

提交上来的参赛作品多数以Word文档的形式出现，这种文档类型能充分说明商业计划书的各个细节。从比赛评委的角度来看，他们更愿意通过对Word文档的阅读，全面、详细、充分地了解参赛作品。

（2）PPT

从众多投资者的反馈中可以发现，大多数投资者更喜欢看PPT，简洁、直观、图文并茂、易于理解。PPT一般在10~15页为宜，少于10页更佳。在大学生中，PPT更多地被运用在路演或比赛的场合。

（3）思维导图

思维导图能够清晰地、图形化地展现事物的逻辑关系，特别适合展现产品脉络、关系分布等内容。

（4）PDF

建议无论用什么格式制作文档，最后提交的时候都转换成PDF格式。PDF格式一方面可以防止再次编辑，另一方面可以不因为计算机浏览软件版本的不同而影响文件的排版格式。

（5）其他类型

作为提交商业计划书的附件，特别是参赛作品本身，类型可以更多样。例如，作品演示用文件、产品说明书、配套的数据资料，包括调研数据、获客数据、转化率计算依据等。

2. 商业计划书的重点模块

商业计划书中的重点模块比起商业模式、市场营销、团队管理这三个模块来说，虽然有的模块不是商业计划书中的必选项，但是由于产品发展程度、各自的难度不同，想要写清楚也非常不容易。如果能够写好、写明白，对计划书来说绝对是加分项目。

（1）痛点分析

痛点分析并不是所有的商业计划书都会拿出来单独写一个模块进行阐述的。但是这部分的分析内容不管是否会出现在商业计划书中，在商业模式分析阶段都是有必要出现的，它能帮助创业者清晰地定位，找到真实的用户。

某幼少儿英语产品属于在线教育产品，其典型特点是人工智能代替80%的真人外教，降低授课成本，让孩子在家学习英语实惠又方便。

为了更好地描述痛点，选择了三个典型场景来描述。

①当父母非常忙碌的时候，孩子可以自己完成英语学习。

②在父母英语不好的情况下，孩子可以自己完成英语学习。

③在父母经济条件不充裕的情况下，孩子仍然有学习英语的机会。

分析一下这三个场景。

①当家长忙碌的时候，体现的是家长送孩子学英语耗费时间和精力，痛点是没有时间。

②在父母英语不好的情况下，体现的是家长担心自己无法辅导孩子，痛点是自己英语不好，但是希望孩子英语好。

③在父母经济条件不充裕的情况下，体现的是家长也想请真人外教给孩子最好的教育，痛点是价格太贵。

当三个痛点以场景方式呈现，这就比文字表达更容易让人理解产品的特点。另外，描述痛点的时候，要有意识地针对产品的优势，也就是说，痛点有的时候是一个开放性的话题，解决的方案应该是五花八门的，如何让痛点对应到产品特色，让它成为一个非常正常的逻辑，是需要解决的问题。例如，同样是解决家庭教育问题，有的方法是开设家长课堂，有的是提供专家问答服务，还有的是设计一个可以查询资料的App，不同的解决方案对应不同的商业模式和不同的盈利模式。因此，要挖掘出痛点的本质，这样的解决方案才有说服力。

（2）产品介绍

第一，产品介绍内容。在进行产品介绍的时候，通常涉及的具体内容有产品概述、产品功能表、产品与同类产品的比较（性能、价格、售后服务和技术支持）、未来产品的研发方向、产品研发模式和研发架构体系，以及品牌、专利、现有技术资源等。

第二，产品介绍方法。在描述产品或者服务时，要站在阅读者的心理角度。要解释清楚"产品是什么""能为消费者解决什么问题""已经取得了怎样的效果"，可以简单地描述产品或者服务的设计构想和思路，产品能够运行的逻辑和原理并配以产品的一些辅助图片，帮助阅读者去理解，要结合前期发现的需求和痛点，陈述清楚有针对性的解决方案。

可以按照以下四步逐一介绍、逐级递进，最终展示产品的卖点。

第一步：产品的功能。产品的作用和功效，能帮助客户解决什么问题。

第二步：产品的卖点。只要是同一产品，大家就有共性。关键是别人产品没有的，你的产品有，这就有了独特性和差异性。

第三步：立刻选择产品能给客户带来的好处。

第四步：长期使用产品给客户带来的价值。

3. 融资计划

（1）融资计划的内容

融资计划部分通常涉及融资的目的、额度、资金用途和使用计划，以及投资者可以享有哪些监督和管理权利，以何种方式参与公司的事务，还涉及融资后未来3~5年的平均年投资回报率及有关依据以及投资者退出机制，也就是投资者变现的方式，如上市、转让、回购等。另外，融资后未来三年的项目盈亏平衡表、资产负债表、损益表、现金流量表等也是有效的支撑数据。

（2）融资缺口的理解

融资用途：初创公司融资的主要目的是完成产品的验证，验证产品是否被市场接受，验证生产运营的成本和绩效比，验证核心团队的稳定性和成长性。

融资的缺口计算：首先需要知道验证期的成本主要需要考虑哪些内容，然后根据目前公司运转的状况来计算资金的缺口。验证期的成本主要考虑以下三方面内容。

产品：产品（服务）迭代了2~3个较大的版本并达到稳定。

运营模式：已经稳定地运行了至少半年。

团队规模：一般在十人左右。

针对公司目前的产品、运营模式、团队规模，以及未来1.5年的运营目标、市场方向、里程碑，还要对规划产品发展、运营规模、团队容量等需要花费的资金进行考虑。之所以用1.5年作为计算标准，是因为一般来说，18个月是企业生死存亡的关键点，一般早期企业能达到1%的存活率，很多创业公司的生命周期仅仅半年或一年，所以要定义融资额，计算资金缺口，就要以此掌握公司的生命线。

4. 风险分析

（1）风险分析的内容

风险分析主要包括创业中遇到的政策风险、研发风险、市场开发风险、竞争对手的风险、运营风险、财务风险、对公司核心人物依赖的风险等。

（2）风险分析的视角

在整个商业计划书的撰写中，没有风险分析的部分，显然是不够完美的。创业风险无处不在，而投资者对风险更有天然的敏感。充分的风险分析，可以提前帮助投资者进行心理预判，这样，不仅能够帮助投资者减少投资疑虑，还能让他们对企业有全方位的了解，同时也能体现出团队对市场的洞察能力和解决问题的能力。

5. 关键进度

（1）关键进度的内容

用图形或表格表明项目实施计划、进度和未来项目进展的里程碑，注明起止时间、完成的状态和成果，计划完成的内容、各项目的资金投入和产出等。

（2）关键进度的作用

关键进度可以比较清晰地展示项目实际的进展，以及资金的到位、使用情况和效果。特别是在展示关键进度的时候，不要仅仅着眼于目前阶段的项目，要延长项目线到未来1~3年，展示长期规划，让投资者了解创业者的长远眼光和对创业的思考，也让投资者能看到未来发展的可能性和途径。

6.团队介绍

（1）团队介绍的内容

团队介绍可以介绍成员组成、可圈可点的背景和从业经历，也可以介绍团队成员的分工、各自擅长的方面、股权分配等。

（2）团队体现特征

团队介绍部分力求展示团队的特征，让投资者树立投资信心。如有使命感、有经验、有资源、有野心、习惯深度思考，核心成员具备坚韧的性格以及超强的执行力等。

二、路演

1.大学生常见的两种路演模式

路演是信息的传递过程，是在公共场所进行演说、演示产品、推介理念，并向他人推广自己的公司、团体、产品、想法的一种方式。路演的核心环节就是演讲环节和问答环节。这两个环节一般有严格的时间规定，有的是5+5分钟、7+3分钟，也有1分钟介绍，后面几分钟提问的形式。总之，创业者需要在非常有限的时间内阐述清楚自己的创意和产品，并回答一些来自评委或投资者的问题。目前，大学生常见的路演模式有两类，根据创业者项目的成熟度、需要和目标来匹配相应模式的路演。

（1）比赛路演

比赛路演，顾名思义，路演以比赛的形式进行。比赛型路演，特别是高校的路演，核心的目的是通过比赛的形式促进参赛者对创新创业的认识和行动，从而鼓励更多的人积极创新、勇于创新，拥有创业的自信心。

通常比赛路演，会对参赛者的各个方面进行比较详细的规定。除了现场路演的比赛规则以外，对于参赛提交的文案有更详细的指导。例如，提交文案的模板、字号、内容基本要求、页数等。这样的要求，旨在对参赛者的基本认知进行统一，也会使参赛者在创新创业类比赛的起步水平保持一定的水准，其指导性、学习性更强一些。特别是到了省市级、行业级别的赛事，为了起到宣传示范作用，会有媒体的介入，那么对路演的可观看性要求会更高。在展示方面对选手的现场表现、评分环节的设计都会有更多的要求，着眼点会有所不同。当然，很多赛事也会结合融资，诱发更长远的商业行为，但比赛路演相比商业路演而言，更重要的笔墨在展示宣传和推广上面。

（2）商业路演

商业路演，即用于商业行为的路演，其主要目的是促成投资者与创业者的对接。目前市面上主要有两类商业路演。

开放式：开放式商业路演，对于观众而言是开放的。组织者欢迎各种有兴趣观看的人参与。对于路演的人来说，面对的观众人群比较复杂，参加路演的门槛比较低，可以尝试多次路演进行磨炼。

封闭式：封闭式商业路演，对于观众不是随意开放的。观众都是定向邀请的，多是投资界的专业人士或对路演项目有投资意向的人士。参加路演的创业者，也是有组织地被筛选出来的，并会按照既定的规则进行展演、交流等，相对于开放式路演而言，这种类型对项目和观演人员的要求会更高一些，投融资的目的性更强一些。

2. 路演的准备

（1）内容准备

关注投资者视角：在内容准备上要多关注投资者或评委的视角，了解投资者或评委的视角关注点并力求能满足观众的诉求。投资者的关注点如下。

①项目的可行性。

②发起人与团队对项目的掌控力。

③商业模式是否清晰。

④项目目前的执行进度。

⑤可能存在的风险。

⑥项目在市场上的发展空间。

⑦项目可行性的成长空间。

符合投资阶段和考核角度：投资者的投资目标精准，有自己关注的领域和阶段，对不同的阶段有不同的考核角度。因此，创业企业在不同的发展阶段应接洽不同阶段的投资者，对路演的内容也要进行相应准备，这样自然能与投资者顺利对接。

①天使投资看"人"，主要看团队核心成员的个人能力。企业初创期，对核心领导人员的领导力、管理能力、方向把控、产品走向、市场观察等依赖性更强，唯有核心成员的能力是可以衡量的主要不变因素。

②A轮看项目潜力。当项目启动1~2年，商业模式打磨基本成形，在尝试运作模式有所成效的时候，主要看项目是否还有发展的潜力，投资者会通过项目发展潜力评估退出的可能性。

③B轮看数据。当项目运作并开始有市场收益的时候，会积累大量的数据，特别是获客情况、市场反馈、转化效果、利润情况等，这些都是可以有力地说明产品的优势和市场前景的。

④C轮看规模。当项目开始盈利，并且开始进入产品发展期，开始进入成熟期，站稳赛道，开始布局生态的时候，是否有潜在的规模能力是这个阶段投资者的主要关注点。

遵循3C原则：路演对展示的时间有严格规定。在有限的时间内力求遵循3C原则，能达到让听众易于理解、易于吸收的目的。3C指的是清晰（Clear）、简洁（Concise）、能激发兴趣（Compelling）。

①清晰（Clear）：每个话题的开头直接讲明核心要点。

②简洁（Concise）：用一句话总结核心含义，不要进行冗长的解释。

③激发兴趣（Compelling）：从用户的角度提供使用场景，引用第三方数据增加可信度，精准分析竞争对手的优劣势，传达自身清晰定位、务实的估值等。

路演加分项：

①展示业绩，用数据说话。

②已经有一次融资（天使融资即可）。

③有1～3年的历史数据。

④曾在其他赛事中获奖。

⑤团队差异化互补，且其他股东成员有较高的成就或较强的专业能力。

⑥有较高的技术壁垒，不可复制性强。

⑦有较高的战略格局。

路演失分项：

①路演主讲人为非核心人员。

②内容假大空，战略太多，执行数据过少。

③顶撞评委。

④项目商业模式不清晰。

⑤主讲人气场不足。

⑥对评委所提问题，回答得不明确或不令人满意。

⑦纯App项目、网络平台项目。

（2）提问准备

路演展示后一般是提问环节。投资者或评委的提问主要集中在以下几个方面。投资者的问题关注点应该是对展示时表达不清楚的问题的进一步探寻，或者是深一层次的追问和明确。

公司运营：

①公司的愿景是什么？

②公司名字的由来？

③公司的管理架构和团队分工如何？

④作为大学生如何确保能兼顾学业和公司经营？

⑤你们目前发展受到最大的制约是什么？

⑥你们做大企业的优势是什么？

⑦你们未来3~5年的规划是什么？

产品或服务：

①你们的产品的独特优势是什么？

②你们的技术是否已经商用化了？

③你们的产品成本如何控制？

④你们产品的最大卖点是什么？

⑤你们的主要竞争对手是谁？

市场推广：

①你们进入的市场规模如何？是怎么得来的？

②你们获客的手段有哪些？

③你们的运营方式有哪些？转化率如何？

④你们对市场未来乐观预期的依据是什么？

⑤渠道方和你们合作的理由是什么？

⑥对销售渠道是否有拓展规划？

财务情况：

①你们的运营成本如何？

②你们何时开始有收入？

③你们何时实现收支平衡？

④你们如何让投资退出？

⑤你们是否需要融资？融资将如何使用？

⑥你们准备进行何种类别的融资？（股权、债权、天使、风险投资公司、战略投资者）

⑦你们是否做好引进投资的准备？（发展阶段、技术、业务、管理、人才、心理……）

⑧你们的股权架构如何？

风险评估：

①公司发展面临最大的风险是什么？

②你们是否在风险防范上有措施？

③你们是如何规避核心人才流失的？

④你们是如何确保创业团队稳定的？

⑤你们是如何应对其他公司的模仿的？

⑥公司的壁垒是什么？

（3）演示文稿准备

随着产品发布、专题演讲、电视路演等形式的频繁出现，演示文稿的设计和制作也更趋于专业化。一个精心制作的演示文稿不仅可以展现演讲者的专业和用心、品位和自信，更能有效地在最短的时间内达到建立关系、激发听众兴趣，最后拿到融资的目标。

第一，以全篇思考主线设计为先。演示文稿要以整篇思考主线的设计为第一位。演讲者要设计开场，例如，选择打动人心的故事，要设计每个环节提炼的关键要点，用关键词、关键句，体现核心观点和重要结论，来吸引观众的关注；要设计并运用类比数字，体现竞品分析、痛点解决、展现潜力；要利用细节和只言片语帮助听众了解复杂的内容，赢得投资者的信任。

第二，演示文稿的内容要为主线服务。演示文稿不一定要展示商业计划书的全部内容，但关键内容一定要涉及，例如：做的是什么，谁来做，为什么做，为什么现在做，需要投多少钱，回报有多少？另外，演示文稿最重要的是内容要为设计好的主线服务，能够保证每一页的逻辑关系紧密联结、环环相扣。演讲者通过文字、画面、语音把观众带入应用场景，让观众身临其境，瞬间拥有沉浸感。

通常演示文稿内容设计的要点可以参考如下建议：封面、项目介绍、路演人介绍、市场概况、痛点分析、解决方案、竞品分析、产品构想、竞争优势、盈利模式、推广计划、融资计划。以上仅仅是涉及的要点，但如果能把这些要点既展示清楚，又打动人心，就必须要符合主线的设计逻辑，并根据自身的优势和特点，来选择和设计要展示的内容。

第三，演示文稿的画面要精美。时代发展到今天，虽然创业者都知道演讲最终吸引人的一定是内容本身，但是，画面精美的演示文稿在视觉上给人带来的冲击不容忽视。制作精美的演示文稿既会传达演讲者的审美，显示其自身的高品位，同时又能向听众传达最直观且视觉化的信息，制作精美的演示文稿会在无形中给演讲加分。想要获得精美的画面效果，其实并不是太困难的事情。现在网络上有大量现成的模板，高像素的精美原图，手把手教学的商业计划书制作方案，精美的参考案例等等。当信息呈现得越精美，越可视化，越能帮助听众快速直观地获取信息。

（4）路演的准备

反复彩排：反复彩排应该是路演准备中最重要的环节了。根据规定的时间、既定的流程进行反复练习，确保展示的效果和连贯性。语气、节奏、音调的设计和练习都会为现场路演效果加分。

熟悉会场：了解路演现场的情况和周边的交通状况，必要的话提前几天抵达会场进行演练。

服装整洁：不管是西装革履，还是商务休闲，一定要整洁庄重，以示专业。

提前15分钟抵达：提前15分钟抵达，确保资料提交完整，把计算机、投影仪等设备调试到位，以免影响路演。

资料准备：可以将路演材料提前打印出来并分发给观众，一方面方便阅读，另一方面万一设备有问题，还可以用材料补救。

第六节 企业的资金运作

资金对于企业来说，是创业的基础，更是可持续运营的保障，是企业管理的重要组成部分。对资金的使用、管理、运营也考验着创业者在企业管理方面的财务知识、金融知识等。创业者可以不是这些领域的专业人才，但是要具备基础知识。这些知识会帮助创业者规避企业经营风险，合理使用资金，也有利于帮助企业发挥资本优势加快发展。

一、创业期基础财务知识

创业者在经营企业的过程中,需要随时监控企业发展的状况,财务数据是最直观的企业运转状况的反映。财务数据背后隐藏的信息,体现了企业真实的运作情况,就像是企业的体检表。人们在体检并拿到体检数据之后,更关心的是数据反映出的健康问题。企业的财务报表也是如此,通过对数据进行合理分析,就能了解到最真实的企业运营状况,这就是财务报表存在的意义。对于创业者而言,不需要学习太复杂的财务知识。但是能看懂简单的财务报表是基本功。其中,有三个财务报表——现金流量表、利润表和资产负债表,是首先要掌握的。了解公司某段时间资金使用账户的明细,看现金流量表。了解公司某段时间盈利还是亏损,看利润表。但是,公司一段时间的盈利和亏损并不一定能反映公司的负债情况,要了解公司的负债情况,需要看资产负债表。

1. 现金流量表

(1)什么是现金流量表

现金流量表是反映一定时期内企业经营活动、投资活动和融资活动对其现金及现金等价物产生的影响的财务报表。

（2）现金流量表的内容

现金流量表通常有三个内容。

经营活动现金流量：企业从市场竞争中获取现金的能力，这也是投资者的关注点。

投资活动现金流量：企业采购固定资产等投资活动的现金流入流出情况，对于初创企业来说，这部分主要表现为现金流出。

筹资活动现金流量：企业从外部取得资金的情况，如投资者资本投入、贷款收入等现金流入情况。

（3）现金流量表的作用

现金流量表体现了企业在一定时期内现金运转的情况，即是否有合理的可支配资金，这在企业经营中至关重要。因为通过资产负债表中各个项目对现金流量的影响，可用于分析一家机构在短期内有没有足够的现金去应付开销，这是企业能够可持续运营的重要条件。

2. 利润表

（1）什么是利润表

利润表也称损益表，是反映企业一定会计期间经营成果所形成的财务报表。它反映了一定期间企业的收入和相应的成本、费用以及最终形成的利润。

（2）利润表的内容

利润表主要分为三大内容：销售收入、成本及利润。这三者之间的关系相对比较容易理解，即"利润=收入–成本"。利润表通常分为上、中、下结构，上部为收入、中部为成本、下部为利润。

（3）利润表的作用

利润表的作用相对简单，就是体现企业在相应时期内的盈利能力，这也是投资者最为关注的指标之一。

3. 资产负债表

（1）什么是资产负债表

资产负债表作为企业财务报表中最重要的一种表，就像企业的一面镜子，能够最真实地体现公司情况，是反映企业在某一特定时期财务状况的财务报表。

（2）资产负债表的内容

通常资产负债表会包括三方面的内容。

资产：企业所有或控制、并预期可给企业带来经济利益的资源。

负债：企业过去交易或事项形成的、并预期会导致企业经济利益流出的现时义务。

所有者权益：企业所有者在企业资产中享有的经济利益。

这三方面内容之间的关联可以用一个公式来体现，即"资产=负债+所有者权益"。资产负债表一般采用左右结构，把表格竖向一分为二后，左侧就是资产部分，根据习惯通常依据企业资产流动性的强弱自上而下进行列示，右侧是负债和所有者权益部分，负债又会按照偿还的先后顺序自上而下进行列示，所有者权益是按投入资本和留存收益的顺序列示的。

（3）资产负债表的作用

资产负债表能够提供以下财务信息。

①通过资金在不同项目的占用，了解企业的资产情况，包括资产总额、资产的结构和分布等情况。基于这样的数据，可以进一步分析和体现资产结构的合理性以及资产的流动性。

②知晓资金的来源。对于企业来说，资金是形成企业资产的重要组成部分，而债权人提供的资金以及企业所有者的投资作为企业资金的重要来源，二者占比大小反映了企业的资本结构，据此可分析出企业的财务风险情况。

③反映出资产和负债的对照关系。资产负债表中，资产按流动性强弱分为流动资产和非流动资产（或长期资产），负债按偿还期的长短分为短期负债和长期负债。这种左右对照关系，可以分析出企业资产的流动性及偿债能力。

二、创业企业融资管理

在创业六步骤中，提到当企业有了创意，有了初步的商业计划，组建了团队时，接下来需要寻找资金，而资金的来源主要是融资。融资，狭义上讲是一个企业的资金筹集的行为与过程，即公司根据自身的生产经营状况、资金拥有的状况，以及公司未来经营发展的需要，通过科学的预测和决策，采用一定的方式，从一定的渠道从公司的投资者和债权人那里筹集资金，组织资金的供应，以保证公司正常生产需要、经营管理活动需要的一种理财行为。

国家和高校对大学生创业融资有专门的优惠政策，这为大学生创业打开了方便之门。大学生对创业期间融资知识的学习、融资作用的认知，除了有助于直接获得资金支持，还能获得对接的资源、创业项目的历练等，这些都是大学生不可或缺的宝贵财富。

1. 融资作用

创业融资是指创业者筹集资金的行为与过程，即创业者根据自身的生产经营状况、资金拥有状况及未来经营发展的需要，采用一定的方式，从一定的渠道去筹集资金，组织资金的供应的行为。

（1）创业指导

创业者普遍缺乏经验，特别是大学生创业者，对产品、技术、团队管理等方面都亟待磨炼。很多投资方，尤其是天使投资者，他们本身在行业中摸爬滚打了多年，积累了丰富的企业管理经验。他们不仅拥有丰富的创业经验，对项目发展也有敏锐和专业的洞察力，自然更有扶植和栽培项目的能力。如果能够获得专业人士的指点甚至孵化，特别是在有针对性的产品方向、技术方案、商业模式、战略框架等方面，创业者可以少走很多弯路。这也是金钱不能取代的宝贵资源之一。

（2）投资者认可

创业者一旦获得投资，就是获得了这个投资者的认可。如果投资者不能对外透露具体信息，却在创业者的商业计划书上投入资金，这本身就是很大的信任了，毕竟，没有一个投资者会随便使用资金。如果这个投资者比较有名气，其他投资者也会被吸引，那么说明这个项目获得了有名的投资者认可，无形中得到了宣传，其他投资者考察的成本会大大降低，这会为创业者获得更多投资，也为下一步融资做了很好的铺垫。

（3）资源对接

创业者在选择投资者的时候，不能只看中资金，还要在乎资源。很多投资者在早期天使投资时，不会投入资金，而是直接提供资源，如旗下企业的销售门店渠道、电商平台的有利位置，甚至是和已有产品嫁接的机会等，这些资源有时比直接投入资金更有价值，因为它们可以直接为创业者打通进入市场的壁垒。市场渠道是资源，人脉也是资源，专家人员的技术指点，相关行业人员的对接，对于创业者来说都是可遇而不可求的稀缺资源，很多时候资金是用来营销或突破技术难点的，但都不如现成的资源来得更直接和有利。

（4）产品加速

创业者在产品升级加速过程中，需要一定的市场助力。在同样的创意创新项目中，早日进入市场，局面也许就大有不同。以占领市场为例，对于新兴市场，获客成本往往比后进入市场的获客成本要低很多。创业公司扩大市场占有率、增加品牌认知度、早一步吸引流量、甩开竞争对手，都需要资金助力。

2. 融资时点

在寻找资金的阶段，创业者需要事先知道有哪些融资时点。创业者或许听说过种子轮、天使轮、A轮、B轮、C轮等名词。这些名词都与投资阶段有关，对创业者而言，这些就是融资时点。创业者可以先了解一下这些投资阶段代表的含义，并可以对应到创业三大核心内容（3M）的重要发展，同时关注一下融资来源、融资用途，包括投资者青睐的关键点等。

通过对融资时点的分析，可以明确创业项目不同成长时期和融资的关系。种子轮是指初创公司的第一次融资，之后是天使轮，接着的每一轮融资，从A开始依次以字母命名，也就是大家听到过的A、B、C轮，也有的企业融资甚至到D、E、F轮，之后就是Per-IPO、IPO阶段。IPO的英文全称为Initial Public Offerings，简称IPO，指首次公开募股。Pre-IPO称为前IPO阶段。确切地说，首次公开募股还仅仅是股票发行，公开发行股票之后，如果企业的资格得到认可,企业一般就会要求上市。发行和上市是两个环节。

(1)融资时机要抓节奏

根据对融资时点的分析,不难发现,每个融资阶段的融资资金用途不同,每轮都有各自阶段的发展需求。从企业自身发展的角度来看,企业融资的节奏自然是越快越好。创业公司既需要资金完成产品的打磨、市场的验证,又需要和竞争对手赛跑,迅速拉开距离。目前我国的很多创业企业,由于知识产权意识薄弱,很容易被竞争对手模仿甚至赶超,如果创意的门槛比较低,加上没有背后资金的支持,就更难甩开竞争对手,进而失去占领赛道的先机。

随着创业市场的逐步成熟,投资者不再会为"烧钱"的营销方式买账了。特别是在项目早期,投资者会更关注企业的创意和产品的发展前景,而创业者在早期可能会凭借产品的"创意""故事"和"预测"来说服投资者,从某些程度上来说,这个时期的投资者感性判断多于理性判断,或者说需要投资者凭借自身的投资经验,而换个角度说,这是创业者获得投资的绝佳时机。

从企业发展的脉络来看,在企业逐渐发展成熟壮大的过程中,每个节点都在履行着企业的九字诀,即价值观、方法论、执行力。不同时期有不同的价值观,价值主张在不断地完善,商业模型也在逐渐定型。融资的时候,商业计划书是核心资料,如果创业的三大核心内容清晰,商业计划书就容易呈现。而创业者,在对产品的打磨中,也会更明确方向,更能把控融资的节奏,将资金投入每个阶段的核心环节，让企业充满信心地向下一步迈进。

（2）融资最终关注数据

在以往的创业项目中，经验告诉我们，不同的融资时点，投资者的关注点不同。最早期的种子轮阶段，吸引经资者的主要是产品的创意、方案，甚至是一个想法。另外关注的一个点就是人。到了天使轮，投资者开始关注团队和项目前景。到了A、B、C轮，随着商业模式的完善，产品和市场接触的深入，收集的各种数据越来越多，投资者主要关注产品验证的数据、用户反馈的数据、财务金融的数据等。因为这些数据，可以从各个方面反映创业企业是否趋于成熟，产品是否切入了正确的市场，投资是否最终对投资者有利、是否有回报。当然，市场上的确出现过在只有一个人和一个想法，甚至连核心团队都没有的情况下，依然能够获得天使投资的个案，而这无非说明，投资的所谓标准可以被打破，这似乎更是对创业者融资的利好消息。

但是，创业者更需要理智和清醒地知道，在投资环境不景气的情况下，特别是，越来越多的人投身创业的大潮中的时候，投资者反而越来越谨慎，衡量标准越来越严苛，评价的维度也越来越多元。他们对数据的关注度越来越高，甚至可以说，在任何阶段，投资者都会关注数据，否则，他们不会轻易投资。在很多种子轮，甚至天使轮的路演中，投资者就产品的用户转化率进行提问的情况也比比皆是。反过来，需要鼓励创业者的是，无论投资环境如何，创

103

业者对产品创新创意的追求，对产品从想法到落地的实践都是不变的真理。无论在融资时点的任何阶段，数据哪怕再少，创业者都要有意识地积累并收集，这随时会是产品落地的有力支持。关于数据更要有长远眼光，数据不仅仅是当下创业项目运行的数据，更可以追溯到对市场的预测分析，对技术的前瞻性观察，对新商业模式的推演，等等，这些都将鼓励创业者跳出思维局限，迸发出天马行空的创意，同时又能脚踏实地，在早期有预见性地关注数据。

（3）融资不是必经之路

创业似乎离不开融资，似乎融资才是创业的唯一出路。但是，无论从全球还是从我国市场看，创业项目融资成功的比例不超过3%，这说明融资非常难。而另外一个数据又告诉我们，创业公司存活过三年的超过30%，也就是说，有将近27%的创业项目即使没有获得融资依然可以发展得很好，甚至比拿到融资的项目还要好。可以说，融资不是创业的必经之路。

创业的必经之路离不开商业之道，而商业之道就是创造利润。创造利润的核心仍然是把产品做好。要想证明产品是好的产品，需要实实在在的经营数据和经营方法。与其一上来就找投资者，不如快速行动，去做一个原型。例如，很多的创业项目都是一个App产品，或者是以App为载体的创意。可否在做App之前，先做一个简单的H5原型，在小范围的天使用户中收集一些反馈数据，测试一下市场反应，当对产品逻辑及其核心价值非常清晰的时候，也可以开始考虑是否需要立刻获得投资。因此，不是每个成功的创业项目都要选择融资，但是成功了的创业项目一定离不开踏踏实实的思考和实践。

3. 大学生融资渠道

很多创业者在寻找资金的阶段是比较迷茫的，很多大学生的融资渠道都是通过父母或亲朋好友，这样获得的资金没有利息，或者利息很低；另外，有了亲人的支持，在创业道路上也会信心十足。但是，创业家亚当·切耶尔（Adam Cheyer）认为，融资的来源一开始最好不要是亲人和朋友，因为他们肯出钱的原因往往是对创业者本人的信赖或看好，对于产品本身的创新创意或者市场前景会判断不足，亚当·切耶尔鼓励创业者通过融资走向市场，从第一步就开始面向市场，探究产品的认知度，那么获得的融资会更有针对性。针对高校的大学生来说，关注适合自己的融资方式，选择适合自己的融资渠道，一旦踏上创业的道路，就可以有备无患。

（1）高校创业优惠政策

目前，各地对大学生创业的优惠政策都较多，创业者可以申请相应的税收、工商注册、贷款、场地、培训、创业指导、路演等创业扶持政策，从而降低创业成本。另外，很多高校也出台了大学生创业扶持政策，有的搭建了孵化平台，为大学生创业提供了便利的支持。

有创业意愿的大学生，可以提前关注学校招生就业办公室的有关政策，关注最新政策的变化，了解政策要点及申请流程和条件。

（2）创业大赛

大学生寻找融资的渠道可以考虑常用的融资渠道，如银行、正规的风险投资机构等，但是，对于没有太多社会经验和社会人脉资源的大学生来说，分辨市面上良莠不齐的资源，风险还是很大的，更重要的是时间成本较高，参加高校或者机构组织的创业大赛不失为一个较好的途径。目前我国比较有影响力的创业大赛有"创青春"全国大学生创业大赛、中国"互联网+"大学生创新创业大赛。另外，各类机构组织，包括行业代表也会有各种针对大学生的创新创意大赛，一方面是响应国家的政策号召，另一方面实现资源对接，特别是通过学校的推荐渠道，或者是学校引入的赛事，从资质、资源和质量上都有保障。大赛一般会设置奖项，也会为优秀指导教师设置奖励。此外，有的金融机构对符合要求的获奖项目提供创业基金与贷款授信。组委会也会帮助大赛获奖项目团队申办微型企业，免费入驻孵化基地，享受风险投资等。参加大赛不仅可以将想法落地，更重要的是，模拟演练可以提前体验创业的历程，并提早吸引投资者的眼光。而投资资源的对接往往是大赛的最终目的，孵化出成功的创业项目更是校企合作的重要目标。或许有的大学生，开始只是有一个简单的想法，但是经过大赛提供的平台走向孵化、获得资源、得到资助，从而踏上创业直通车的例子不胜枚举。

四、创业企业合理估值

当创业者踏上创业之路时,融资就成了一件创业者需要列入计划的事情。无论企业最终是否要利用融资获得资金或规避风险,再或者企业可以发挥自身核心竞争力,一直运转良好不需要融资,但是对企业进行合理的估值,都是创业者必须要做的事情。

1. 合理估值的方法

估值的方法非常多,维度也有不少,但是这里仅仅介绍两个非常简单基础的方法作为创业者的参考,因为完成这个环节的思考,比算出具体的数字更重要。

(1) 对比法

对比法是大多数投资者会采用的验证方法之一,这一方法主要参考的底层逻辑是锚定效应。锚定效应是指当人们需要对某个事件进行定量估测时,会将某些特定数值作为起始值,起始值像锚一样制约着估测值,而在做决策的时候,会不自觉地给予最初获得的信息过多的重视。举个例子,创业者开了一家家具店,售卖高级家具B,比普通家具A的价格高25%,而另外一家家具店,则以售卖普通家具A为主,客户都觉得他家的家具A更经济实惠,导致创业者的家具店销量骤降。这时可以试着购进一批比现有家具A更贵的家具C,重新去构建用户的锚定效应,形成A最廉价、C最贵,B则性价比最高的感觉，这样用户就会转过来买一分钱一分货的B或者C了。按照同样逻辑，创业者可以找近期市面上类似的企业融资案例进行对标，完成评估。

（2）融资估算法

创业公司早期融资的时候，通常是通过出让一定比例的股权来进行融资的，出让比例一般在10%～20%。创业团队可以根据需要的金额，或者下一个里程碑需要的资金来计算比例。估值=融资金额÷出让比例，在确定了融资金额及愿意出让的股权比例后，创业公司的估值也就出来了。例如，创业公司需要融资500万元，出让股权的比例为10%，那么企业估值就是5000万元。同样，在这个算法中，还可以通过对融资金额和出让比例进行调整来得到不同的估值。这自然由创业者决定要选择怎样的融资策略。

2. 合理估值的作用

（1）完成自我认知

创业者是否一定要对自己的企业估值？另外，如果创业者还没有融资的打算，是否也一定要估值？答案是肯定的。也许有的人会质疑，现在企业发展尚在早期，还谈不上具体的业务数据，更没有财务数据，太早进行估值的意义何在？

创业者进行早期估值，一个很重要的原始目的是完成自我认知。了解企业自身除了有形固定资产以外，还有哪些是有价值的无形资产。

产品和技术、渠道资源、竞争优势、合作伙伴、团队实力，是否觉得这些内容似曾相识？是的，它们都是在分析商业模式的时候，在商业画布中提及的几个含义相近的关键模块。也就是说，当我们最初进行商业模式分析的时候，就能分析到企业自身的硬实力和软价值，而这些内容，都会是企业评估自身价值的无形资产。

（2）做好融资准备

即使创业者当前没有融资的需要，但是从融资的作用中所谈到的好处可以看到，融资可以一开始就在创业者的计划中。创业者分析了解自身企业的市场估值，有了估值，更能进一步指导创业者完善商业计划书，或者确切地说，完成商业计划书中有关融资的部分。因为有了对企业的自我充分认知和估算，就可以随时回答投资者的问题，也可以随时知道企业价值可能带来的融资金额，并清楚地知道自身的市场地位。

另外，在融资的早期阶段，实实在在的企业价值，可以根据企业现有的资产估算出来；而企业的潜力和隐形价值，创业者自身更是必须看到的。很多时候，投资者独具慧眼，也许能够发现创业团队的特殊价值；但更多时候，在众多选择中，投资者面对着商业计划书更像是大海捞针。所以，更需要创业团队能够直接地、生动形象地向投资者指出、讲述或者描绘企业的无形价值，使它们成为更能打动投资者的理由。

当然，虽然我们前面讲融资不是必经之路，但也谈到过融资可以分担风险。无论创业者最后是否选择融资，都需要在对自身发展最紧要的时候做决定，都需要创业者做好充分的准备。

第七节　创业还需要知道的事

当创业者完成创意，将项目落地，获得了资金，并开始准备真正创办企业的时候，需要创业者掌握的知识和内容仍然有很多。对于一些企业注册成立需要的知识，都有既定的政策法规、流程，照章执行即可。除了这些查得到、问得到的规范以外，创业者如果想要企业走得更远、走得更稳、走得更顺，不仅要合规经营，还要学习一些未来企业经营中可能需要的知识，做到有备无患。

一、需要知道上市方向

对于创业企业而言，也许上市不是每一个创业者追求的最终目标，但是，有必要提前掌握企业发展中的重要环节。随着经济的发展，企业也有了更多的上市选择。从境内市场上看，依次有主板市场、中小板市场、创业板市场、新三板市场、科创板市场；对于境外市场，可以稍微了解下美国市场。创业者在创业的过程中，可以根据自己企业的特点和规模，选择适合企业上市的途径。需要注意的是，由于经济飞速发展，各类政策内容可能会随着发展而有所更新，以下内容仅供学习参考，最新要求以政策法规及交易所公示内容为准。

1. 境内市场

（1）主板市场

主板市场也称为一板市场，是一个国家或地区证券发行、上市及交易的主要场所。主板市场对企业也就是发行人各方面的要求都是最高的，因此主板上市企业多为大型成熟企业，具有较大的资本规模以及稳定的盈利能力。我国主板市场的公司在上海证券交易所（上交所，简称沪市）和深圳证券交易所（深交所，简称深市）两个市场上市。

（2）中小板市场

中小板市场即中小企业板市场，是相对于主板市场而言的，有些企业的条件达不到主板市场的要求，所以只能在中小板市场上市。中小板市场是创业板市场的一种过渡。

(3) 创业板市场

创业板市场又称二板市场，它为暂时达不到在主板市场上市条件的中小企业和新兴企业提供另外的证券交易市场。创业板市场最大的特点就是低门槛进入、严要求运作，有助于有潜力的中小企业获得融资。其目的主要是扶持中小企业，尤其是高成长性企业，为风险投资企业和创投企业建立正常的退出机制。

(4) 新三板市场

其正式名称是全国中小企业股份转让系统，是经国务院批准设立的全国性证券交易所，全国中小企业股份转让系统有限责任公司为其运营管理机构。其市场生态、研究方法、博弈策略、生存逻辑等都和以中小散户为参与主体的沪深股票市场有显著的区别。

(5) 科创板市场

科创板市场是于2018年11月5日在首届中国国际进口博览会开幕式上宣布设立独立于现有主板市场的新设板块。科创板市场的设立给很多成长空间大、发展速度快但受限于利润等指标的创新型企业提供了很好的融资支持，与目前的主板、创业板、中小板、新三板等交易市场一起，能够更好地发挥资本市场对实体经济尤其是创新型经济的支持作用。

2. 境外市场

美国最主要的证券交易市场有纽约证券交易市场（简称"纽交

所"）和纳斯达克。只有在满足各市场对公司的要求后，该公司的股票或者是证券才能在市场上发行、交易。"纽交所"门槛较高，规模较大的公司一般选择在"纽交所"上市。纳斯达克是世界上主要的股票市场中成长速度最快的，相较于"纽交所"，其准入门槛较低，是更多创业公司的选择。

二、需要知道合理股权稀释

股权管理、股权分配、股权稀释等资本方面的运作，是创业者在创业道路上越走越远的时候必然会触及的部分。创业企业在不同的发展阶段，对于股权的释放、股权的控制要与企业发展壮大的节奏相匹配，这样既能保护创始人原始股东的权益，又能积极地助力企业发展。

1. 股权稀释，创始人出局

很多创业企业的成功都得益于融资。将企业的股权出让给投资者以获得更多外部资金的支持，而在一轮又一轮的融资中，创始人的股权会逐渐减少，这也就是所谓的股权稀释。

股权不断稀释，最后导致创始人出局的状况发生过很多。股权稀释是很多创业企业融资过程中的必经之路，在这个过程中，创业者特别是创始人如果不能及早地意识到风险，并把控好尺度，随着股权不断地被稀释，很可能会面临出局的窘境。

2. 合理的股权稀释

（1）融资对股权的稀释

创业公司从开始融资到上市，也许会经过4~5轮甚至更多轮的融资。如果天使轮出让股权，出让10%还是20%对于公司股东股权的稀释影响是不同的。对比早期出让比例不难发现，出让比例为20%的稀释情况下，在A轮后，股东已经失去了主要控制权。

这是个简单的算法演示，并没有涉及员工激励期权和后续加股东股权的需求。如果考虑更多实际因素的话。创业者的股权出让太多，可能会导致更快速度的股权稀释。从天使轮出让10%开始，会是一个保险的比例，加上后期不断融资，会涉及早期风险投资20%~30%的出让比例，接着大约以每轮10%的出让节奏直到上市，会是一个比较可控的局面。蔡崇信是阿里巴巴上市时的四个前董事之一，他在阿里巴巴最重大的一次融资中，两次拒绝了孙正义提出的4000万美元投资获得49%股份的要求，即使孙正义降到3000万美元，他仍然拒绝。最终对方降到了2000万美元，他们才达成一致意见。而这次融资，有丰富市场资本运作经验的蔡崇信确保了阿里巴巴的股权不被稀释太多，也帮助了作为创业者还经验不足的马云度过了最艰难的一次险关。

（2）股权稀释的合理控制

第一，控制融资节奏。创业公司的创始人在公司发展的不同时期，要把控融资的节奏。初创时期，创始人控制的股权要大于67%，也就是掌握公司2/3以上的控制权，才能确保公司整体走向尽在掌握。随着公司的发展需要，创始人可以考虑员工激励制度，释放一些股权，但自己控制的股权要大于50%甚至稍微多一点，为52%，这能为公司上市做好铺垫。当企业进入扩张期时，创始人自己控制的股权至少要有1/3，以确保拥有对重大事件的表决权。当企业已经走向成熟时，可以继续释放股权，创始人控制的股权再少，也不会影响公司已经能够良性运转的大局。

第二，管理体系健全。Facebook的联合创始人的股权被稀释得很严重，但创始人之一的扎克伯格的股权没有被稀释，这主要是因为另一个联合创始人肖恩·帕克（Sean Parker）为Facebook设计了特别的公司董事会结构。有的公司设计了双层结构，例如，百度、谷歌（Google）对外部投资者发行的A股有1票投票权，管理层持有的B股则有10票投票权，以这种方式保护股东权益。无论是利用公司管理制度，还是相关的章程约定，这些提前明文规定的规则在制度上大大保障了原始大股东的利益。所以，在早期就建立起保护股东利益的公司管理体系，也不失为一种方法。

第三，专业人员到位。一些得到了来自国外的投资的企业，会受到投资机构中专门设立的基金分析师的管理，基金分析师会对企业的重点决策进行专业分析，并帮助投资者免受利益损失。在国外，律师会专职负责监督大股东的行为是否侵害了小股东的利益，甚至通过法律手段解决问题。在国内，虽然上市的监督机制和国外不同，但是请专业人员介入重大决策以降低企业风险，也是可以参考的方法之一。

三、需要知道知识产权基础知识

随着科技的创新、经济的发展，知识产权保护将会越来越受到重视，并在企业发展过程中起到至关重要的作用。许多企业在发展前期对知识产权的规划不重视或者不完善，导致了公司在后期发展过程中遇到了种种侵权问题。知识产权保护的维权成本高、周期长、举证难、赔偿少已经成为不少企业面临的问题。因此，在公司发展的前期一定要规划好知识产权保护，利用知识产权保护对创新创业进行合理的保障。

对于公司来说，尤其是文化创意、互联网等行业，在经营的过程中经常会涉及著作权（又称版权）、商标等知识产权的问题。本节针对大学生创业过程中和创业初期可能面临的主要的知识产权保护问题，主要介绍著作权、商标、专利三大内容。大学生在进行创业的过程中应随时根据企业发展阶段继续深入学习和运用相关知识产权的知识和保护措施，以避免不必要的麻烦。

1. 对创意的保护：著作权

著作权，也称版权，指作者及其他权利人对文学、艺术和科学作品享有的人身权（如署名权、发表权等）和财产权（授权别人使用以获得收益的权利）的总称。大学生创业通常起源于一个独特的创意。正如在"创新篇"中讲到的，通过观察社会和自身体验发现问题。在分析问题的基础上运用自己的知识提出有助于解决问题的可商业化的独特方法，由此产生的解决方案（以产品或服务的形式呈现）可称为创新或创意。但如果创意仅停留在思想阶段，没有构成作品，则不受《中华人民共和国著作权法》（以下简称《著作权法》）保护。例如，甲有一个将垃圾分类知识制作成游戏的创意，这个创意本身不满足《著作权法实施条例》第二条对作品需满足独创性表达的要求，因此，无法获得《著作权法》保护。若甲将其"将垃圾分类知识制作成游戏"的创意通过演讲或者文字的方式详细表达出来，形成《关于垃圾分类游戏设计制作的策划文案》。该策划文案若满足独创性的表达，则构成作品，甲对其创作的《关于垃圾分类游戏设计制作的策划文案》即享有著作权，有权禁止他人未经许可使用。

除了产品或服务的创新，很多时候还有对商业模式的创新，但是，商业模式的提出人通常不享有对商业模式的专有权利。所以，对于具有巨大市场价值的创新创意，一方面在初期要做好商业秘密保护工作，另一方面要加快实施步伐，保护创意最好的方式是对其进行执行。在互联网创业企业中，经常会涉及对计算机软件开发的著作权保护，即计算机软件著作权，它是指软件的开发者或者其他权利人依据有关著作权法律的规定，对软件作品所享有的各项专有权利。软件著作权同样需要到国家著作权行政管理部进行登记，国家对登记的软件会予以重点保护。

2. 对品牌的保护：商标

商标是指商品生产者或经营者在自己的商品上使用的区别于其他生产者或经营者的商品的一种专用标记。简单地说，商标就是用来区别商品的标记，根据《中华人民共和国商标法》（以下简称《商标法》），经注册的商标受法律的保护，注册者对其有专用权。很多跨国企业的商标会在许多国家注册，受到注册地当地法律的保护。在我国，商标有"注册商标"与"未注册商标"之分，注册商标是在有关部门注册后受法律保护的商标，未注册商标则不受商标法律的保护。根据我国《商标法》第五十六条，注册商标的专用权，以核准注册的商标和核定使用的商品为限。

在企业经营中，品牌源于商标，而又升华超越商标。市场著名营销专家菲利普·科特勒博士给予品牌的定义：品牌是一个名称、名词、符号或设计，或者是它们的组合，其目的是识别某个销售者或某群销售者的产品或劳务，并使之同竞争对手的产品和劳务区别开来。这个定义已为学界和产业界广为接受。"品牌"与"商标"的联系和区别，简单来说商标是品牌的基本组成部分，是品牌的识别标识。

根据科特勒博士给予品牌的定义，其符号性的识别标记，指的就是"商标"。而品牌所涵盖的领域，则会超越商标，它还包括商誉、产品、企业文化以及整体营运的管理。因此，品牌不单包括"名称""徽标"，还扩及系列的平面视觉体系，甚至立体视觉体系。但一般常将其窄化为在人的意识中围绕在产品或服务的系列意识与预期，成为一种抽象的形象标志。甚至将品牌与特定商标画上等号。品牌从独占性的商业符号，也就是商标诞生，然后，这一符号需要被消费者所认知，并共同赋予内容，才能形成品牌。

商标应具有以下四个基本特征。

①显著性：商标的显著性也可称为商标的区别性或识别性，是指商标能够起到区别作用的特征，也就是说商标应具显著特征，便于识别。

②法律性：也称合法性，是指商标的注册和使用要符合法律的规定和要求。

③表彰性：是指商标可以反映商品的信息，暗示商品的品质，表达商标所有权人的理念，彰显消费者的身份或情趣。

④财产性：指商标具有财产价值，商标作为无形资产，其价值取决于其实际使用而产生的知名度。大学生在创业初期，就应对自

己的产品、公司的重要名称和图标进行商标注册保护，在创业过程中通过对自有商标的使用和宣传来积累商业信誉和品牌商业价值。

3.对技术的保护：专利

专利也称专利权，是发明创造的所有人向相关管理部门提出申请，经审查合格后由管理部门向专利申请人授予的规定时间内对该项发明创造享有的专有权。专利可以进行许可使用、转让、入股、质押、继承等。

（1）专利的主要类型

发明专利：发明是指对产品、方法或者其改进所提出的新的技术方案。这是我们日常最熟知的一种专利类型。

实用新型专利：实用新型是指对产品的形状、构造或者二者的结合所提出的适于实际的新的技术方案。

外观设计专利：外观设计是指对产品的形状、图案或者二者的结合以及色彩与形状、图案的结合所做出的富有美感并适于工业应用的新设计。

（2）专利的基本特征

时间性是指，专利只有在法律规定的期限内才有效。专利权的有效保护期限结束以后，专利权人所享有的专利权便自动丧失，一般不能续展。发明便随着保护期限的结束而成为社会公有的财富，其他人便可以自由地使用该发明来创造产品。专利受法律保护的期限长短由国家有关的专利法或有关国际公约规定。世界各国的专利法对专利的保护期限规定不一。我国对于专利保护期限的规定是，从申请日起，发明专利有效保护期20年，实用新型专利有效保护期10年，外观设计专利有效保护期10年。

地域性指专利权的使用受区域范围限制，它只在法律管辖区域内有效。除了在有些情况下，依据保护知识产权的国际公约，以及个别国家承认另一国批准的专利权有效以外，技术发明在哪个国家申请专利，就由哪个国家授予专利权，而且只在专利授予国的范围内有效，而对其他国家则不具有法律的约束力，其他国家不承担任何保护义务。但是，同一发明可以同时在两个或两个以上的国家申请专利，获得批准后其发明便可以在所有申请国获得法律保护。

排他性也称为独占性或专有性。其专利权人拥有专利权时享有独占或排他的权利，未经其许可或者出现法律规定的特殊情况，任何人不得使用专利权人的作品，否则即构成侵权。《中华人民共和国专利法》（以下简称（专利法））第十一条规定："发明和实用新型专利权被授予后，除本法另有规定的以外，任何单位或者个人未经专利权人许可，都不得实施其专利，即不得为生产经营目的制造、使用、许诺销售、销售、进口其专利产品，或者使用其专利方法以及使用、许诺销售、销售、进口其外观设计专利产品。"大学生在创新创业中，也会拥有自己的技术，有一些大学生甚至可以凭借一项新技术方案来进行商业化，所以申请专利就非常必要。

不仅如此，专利作为知识产权还可以作价出资，在创业初期以自己的专利出资，这样可以解决一部分资金问题。根据前述的规定，获得专利权后，权利人有权禁止他人实施专利，并享有在一定期限内对实施专利的专有权利。因此，专利还可以用以防止后发明人申请专利。例如，某大学生创业团队在科研过程中发现某种化学物提炼的方法，提炼的效率高于其正在创业实施的方法，但是这种方法的成本非常高，以致该创业团队短期内没有经济实力实施该方法。该创业团队为避免之后有发明人将这种方法申请专利，可以先申请专利，获得一定期限内的专有权利，禁止他人未经许可实施该专利。

对于互联网创业企业来说，软件著作权保护的软件的代码，而专利不保护软件代码，但保护软件的思想，也就是数据处理的方法、步骤。因此，企业可以结合不同的保护方式对自己的知识产权形成有效保护。但是，申请专利也存在风险和不小的维护费用。申请专利后无论获得专利权与否，技术方案都将公开。申请专利和后期每年的维护也需要一笔不小的费用，如果企业规模较小没有专人操作，需要请代理操作，还会有一笔不小的代理费用。另外，如前所述，专利权有保护期限，因此保持持续创新能力，是所有企业发展的关键核心。除了专利保护，对于不想公开技术方案或者希望获得更长保护期限的人来说，可考虑通过商业秘密来保护技术信息，如可口可乐公司对其可乐的秘方就是通过商业秘密来进行保护的。

总之，大学生在进行创新创业的过程中。应该对核心技术和品牌标识进行提前规划布局，尽早进行商标、软件著作权、专利等知识产权的登记注册，享受法律保护。

四、大学生创业还需要知道的其他方面

《2021年中国大学生创业报告》显示：96.1%的大学生都曾有过创业的想法和意愿，14%的大学生已经创业或正在准备创业。新一代信息技术（5G/区块链/云计算/大数据）和互联网/移动互联网是大部分大学生看好的创业领域。大学生创业者倾向于先积累资金再去创业，比例达到54.8%。对于风投资本，八成左右的大学生表示了解并不深入，且仅有20.7%的受访者认为创业应该寻求风险投资机构的投资，而符合风投机构眼中"准备好的创业者"仅有2.12%。可见，大学生们对创业的热情仍然很高，但真正深入了解的仍占少数。在创业中，大学生需更了解学习的内容很多，除了拥有专业的技能、学习创业的基础知识。大学生还需对创业项目选择、管理能力积累，甚至面对失败准备方面的知识有所了解。

1. 技术创业，需要有所选择

《2021年中国大学生创业报告》显示，5G、区块链、云计算、大数据成为大学生创业的主战场，在大学生创业的切入点中，发现某种技术的商业潜质占58%，发现某个市场痛点占42%。目前，较

多"校研企"结合的项目都专注于高新科技的开发领域。大学生在导师的带领下，进行科技研发，学校提供研发环境，企业提供资金支持或项目落地的商业需求，让高科技研发从一开始就有了市场驱动力。很多情况下。大学生是核心技术的掌握者。如果大学生想凭借核心技术去创业，那么就需要特别重视和保持技术的创新，在不断追求创新的同时，要有意识地开发具有独立知识产权的产品，从而吸引投资者的关注。另外，从技术类型上讲，在选择科技开发创业时，与软件开发相比，硬件开发会更为复杂。硬件开发不但要考虑产品整个生命周期的设计，而且需要考虑供应链的问题。供应链虽然是产业链后端，但是需要专业的供应链人员早期介入开发环节，确保端到端的最终产品质量。产品一旦涉及供应链部分，相比软件而言，生产链条会更复杂，回报周期会更长，投资者的投资风险相对也更高，这就对大学生创业者团队的能力提出了更高的更求。因此，大学生技术创业，要根据自己的实力有所选择。

2. 管理能力，需要提前锻炼

大学生在学校期间虽然接受了相关的能力训练，但真实的市场商业环境是非常残酷和复杂的。人们常说"商场如战场"。在真实的"战场"上，创业者不仅要是技术上的行使者，更要对管理、商务、营销、心理学等方面的知识有所了解，才能在错综复杂的"战场"上驾驭一个企业的实体，没有实战经验的大学生，除了在能力上需要有所提高外，对于未知的领域也需要有所了解，例如营销、运营，没有经验，难免会为走弯路"买单"。大学生的综合管理能力，可以通过企业实习、社会实践来提早进行锻炼，对与社会接轨的磨炼进行提前规划，以便对创业有足够的预知。另外，创业需要具备专业的创业相关的知识，建议大学生参加一些创业的培训、创业大赛，提前掌握必要的方法论，获得专业的指导，也可以提高综合管理能力，例如，团队的管理，市场的分析，营销的策略等，为创业做更充足的准备。此外，还建议那些对创业有想法的大学生，可以学习了解更多的新商业模式。在我国，随着"双创"大潮的兴起，产生了众多新的商业模式。如共享经济、新零售、知识付费等，也催生了大量的创业训练营，创业课堂。虽然这些社会上的机构离大学生还有些遥远，但是很多课程都采用知识付费的形式，这样方便了解创业企业的创新之道，经营之道，可以做到"足不出户"就"知晓天下"，这不失为一个补充知识和技能的方便的选择。

3. 学生创业，需要学会面对失败

关于创业，创业者从一开始就要学习和了解如何面对失败。如果说大学生花了大量的时间去学习团队管理、商业模式、市场营销，能用撰写的商业计划书去路演，去融资。那么更要学会处理困境；如果企业运营不善，如何寻找合理的退路？如果创业失败，如

何不伤和气地好聚好散？如果资金周转不灵，股东之间发生矛盾，如何优雅地处理，得到彼此的谅解？在吴晓波的代表作《大败局》的序言中，他曾这样表述企业家面对失败经历的重要性："我们必须尽量地弄清楚危机是如何发生，如何蔓延的，受难者是怎样陷入危机的。唯有这样，我们才有可能在未来岁月中尽可能地避免第二次在同一个地方掉进灾难之河。"这番话不仅是对企业家的激励，同样也适用于那些有志创业的大学生。

第四章

中外大学生创新创业能力培养实践

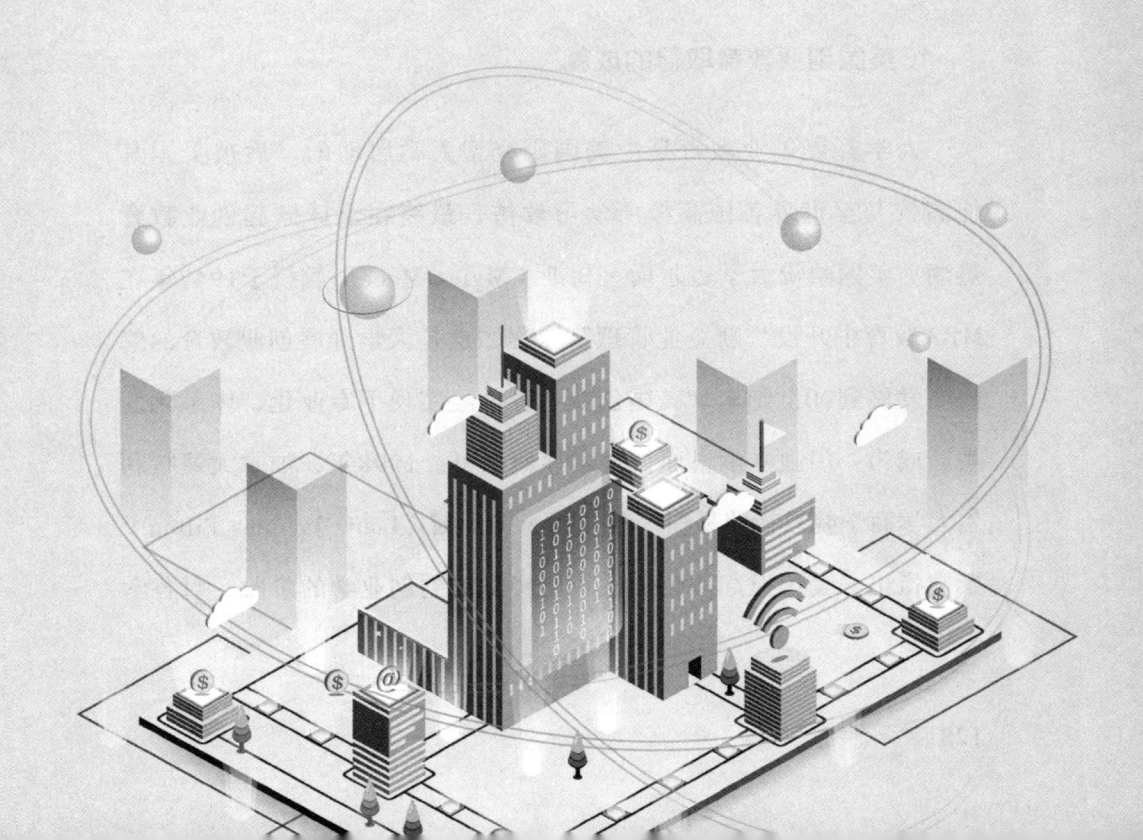

第一节　国外大学生创新创业能力培养实践

一、美国大学生创新创业能力培养实践

1. 美国创业教育取得的成就

大学开展创业教育是由美国研究型大学启动的，后被美国其他高校乃至世界各国高校所学习效仿，最终在全球掀起创业教育热潮。美国哈佛大学迈尔斯·梅斯（Myles Mace）教授于1947年在MBA教育中开设"新企业管理"课程，这是大学开展创业教育的肇始。发展到20世纪末，美国创业教育已经实现了专业化、体系化发展，成为一门独立学科而被学术界所认可。1998年，加拿大蒙特利尔大学商学院教授路易斯·雅克斯·费爱因（Louis Jacques Filion）撰文指出，美国掀起的创业教育已经发展到创业学的阶段，对各学

科融入创业教育和推动创业实践发挥着积极作用。

全球创业监测2000年报告称，20世纪最后25年中，美国创业一代创造了超过95%的全美财富。这些创业者和变革家们改变了美国和整个世界的经济。创业活动已成为美国经济直接驱动力。正如美国加利福尼亚大学伯克利分校经济学教授斯蒂芬·科恩和布拉德福特·德隆所言："当创业者的能量和行动注入了政府开辟的一个新的经济空间，经济活力被迅速激发，经济体系在一个前所未有的创新道路上进行转型。"[①]在美国创业热潮中，高校学生和毕业生创业活动成绩斐然。美国当代许多著名高科技大公司创始人，如英特尔的摩尔、葛鲁夫，微软的盖茨、艾伦，惠普的休利特、帕卡德，Dell的戴尔，雅虎的杨致远等，均在推行创业教育的大学接受过教育，他们无一不是创业者的典范。美国麻省理工学院（MIT）的斯隆管理学院是实施创业教育的佼佼者，其创业教育给美国和世界各国带来了福祉。据2015年调研报告《MIT创业与创新：推动全球持续增长和世界影响力》报道，MIT的本科生和研究生校友已经创立至少30000家效益可观的公司，雇用了460万名员工，创造了1.9万亿美元的财政税收，这税收相当于2014年世界第十大经济体GDP总量。MIT校友创立的公司有23%在美国境外，对世界经济发展做出

---

① ［美］斯蒂芬·S.科恩，［美］布拉德福特·德隆. 务实经济学：美国政府与创业型经济重塑[M]. 李华晶，朱建武，译. 北京：中信出版集团，2016：219.

了贡献。①美国大学的创业教育在实践上给美国乃至世界经济社会发展带来喜人的效益，其发展进程中所体现的智慧以及创业教育的转型升级的促进因素值得我们探究。

2. 美国创业教育体系化建设概况

（1）体系化的创业教育

拥有完整学历体系的专业教育是某个专业已经成熟的标志。20世纪90年代以后，美国创业教育已经有了从副学士、学士、硕士学位到博士学位的完整类型。1991年，美国已经有57个"创业"本科专业和22个"创业"的MBA项目（program）。在调查的232所高校中，至少有10000名学生将专业学习聚焦在创业领域（field）上。目前，美国不同学历层次的创业专业教育已经在课程设置和毕业要求方面形成了确定的制度。如创业副学士学位教育（Associate's Degree Programs）通常要学习不少于100学分的课程，课程主要传授商业管理关键领域基本知识，如技术、沟通和财务等方面的知识。课程主要有：小企业运营、战略管理、小企业会计与交流、企业家计算机应用、微观经济学、商业法。多数课程都要求完成包括实习和模拟商业计划在内的实践操作。创业学士学位教育（Bachelor's

---

① Edward B. Roberts, Fiona Murray, and J. Daniel Kim. Entrepreneurship and Innovation at MIT：Continuing Global Growth and Impact[DB / OI，]. [2019-04-20].

Degree Programs）要传授开办经营新企业的关键性知识技能，如风险分析、生产和营销。学生除了学习副学士学位课程中关键性商业知识技能外，还要学习员工报酬、投资分析、商业计划和产品开发、采购、运营管理、商业伦理等课程。创业硕士教育分硕士学位项目（Master's Degree Programs）和研究生证书项目（Graduate Certificate Programs）。硕士学位项目除了通过实战训练和案例研究来学习企业家技能外，还要完成特定主题的毕业论文，这些主题包括商业规划、影响企业家的法律事件、产品开发和设计、资助新企业、创新和创业。研究生证书项目的课程比正规学位的时间短，通常完成八门课程即可，不要求撰写毕业论文，只需要学习创办企业基础知识，如销售、谈判、基础会计、组织行为、管理技能等。但是，学生既想要毕业证，又想要学位证，就需要学习战略管理、商业计划书制定、领导力、财务和市场营销等方面的知识。创业博士学位教育（PhD in Entrepreneurship Programs）关注重点是新产品开发、融资策略、商业设计和电子商务等成功开办企业诸方面内容，以及探究创业专业建设所要设置的课程。博士生想要获得创业专业博士学位除了要学习当代创业理论和微观经济学理论外，还要学习创新性创业、风险管理、企业家伦理、分类数据分析和多变量统计、小企业咨询、初创企业营销。目前，佐治亚大学、印第安纳大学、美国宾夕法尼亚大学已专门开设了创业专业博士学位课程。美国创业教育学位体系的完整性标志着其创业教育走向了成熟。

（2）创业教育标准的确立

创业教育标准的确立是创业教育走向成熟和完善的又一表征。2004年，美国创业教育联盟（The Consortium for Entrepreneurs）发布了《创业教育内容国家标准》（*National Content Standards for Entrepreneurship Education*），随后又颁发了《创业教育实践国家标准》（*National Standards of Practice for Entrepreneurship Education*）。这两个标准是美国创业教育发展史上的里程碑，是举世瞩目的标杆，发挥着规范、引导和激励美国创业教育实践的功效。

《创业教育内容国家标准》包括三大部分、15类标准及若干表现性指标。其中，15类标准是对创业能力总体要求的描述，每一类标准又被细分为若干个表现指标，表现性指标又再细化为若干具体的行为特质。如15大类之一的"创业特质/行为"是由"领导力""个人评价""人事管理"这个表现性指标构成的。而"领导力"又具体分为11种行为特质：（1）表现诚实和正直；（2）证明负责任的行为；（3）展示主动；（4）表明道德工作习惯；（5）展现对目标达成的热情；（6）承认他人的努力；（7）用积极的语言引导他人；（8）发展团队精神；（9）邀请其他人致力于共同愿景；（10）酌情分享权力；（11）保持价值多样性。《创业教育内容国家标准》从标准大类到表现指标，再到具体的行为特质，将创业能力的总体要求具体化、精细化，便于创业教育的实施和创业教育效果的评价。《创业教育实践国家标准》是通过具体的实施步骤来规范创业教育培养目标的设计过程、创业课程的设置、教学方法的使用以及创业教育活动的组织与管理过程，形成了创业教育实施的大致框架，指导着创业教育的具体组织和实施。美国创业教育内容和创业教育实践的国家标准出台，说明了创业教育不仅在美国高校有着专业化、体系化的发展，而且进入了制度化、规范化发展的新阶段。

（3）服务创业教育的学术期刊享有盛誉

某专业的学术期刊享有盛誉表征着该专业不仅有着丰富的研究成果，而且得到学术同行的尊重和认可。在美国，有关创业研究和创业教育的学术期刊逐渐成为一流的学术期刊，让学术界同行刮目相看。服务创业教育的专业期刊，一方面期刊数量迅速增长，仅2008年至2011年期间就新创了22个专注于创业研究的新期刊。2000年至2011年创业期刊的数量等同于前50年（从1950年到1999年）的数量总和。仅2012年，英文刊物中，定位在创业方面的期刊就有94种。除了创业的专门期刊，至少有20种刊物从临近领域支撑创业论文的发表。另一方面，期刊质量持续跃升。当前，在检索专业期刊排名的Scopus网站上，我们检索出创业研究和创业教育专门期刊《商业风险杂志》在商业和国际管理领域的311种专业期刊中排名第二，引用得分8.8。创办于1976年的《创业理论与实践》杂志在Scopus中的引用得分高于久负盛名的《哈佛商业评论》。《创业理论与实践》被引用得分为5.39，在经济学和计量经济学的533种期刊中排名第九，而《哈佛商业评论》被引用得分为1.30，在一般商业、管理和会计的194种期刊中排名45位。刊载创业研究和创业教育的学术期刊享有盛誉，这从侧面反映了创业和创业教育的理论和实践研究所取得的成就已被学术界认可。

二、日本大学生创新创业能力培养实践

1. 日本创新创业教育的历史演进

（1）萌芽期：20世纪60年代创业教育日语译文为"企业家教育"。20世纪60年代，日本经济持续高速发展，政府高度重视科技教育事业，积极培养大批高质量的科技人才和熟练技术工人，为日本经济注入了新的活力。日本学界开始进行对"创造性"的研究，一些高校尝试与企业开展产学合作教育，对专业应用型人才的培养以及对创业教育课程的探索由此而生，初期开展创新创业教育的高校数量和课程设置范围都较为有限。此时，国家和各都、道、府、县以及大企业都设置了专门的培训机构，授课内容主要是针对员工职业生涯发展能力的提升，日本的一些社团组织也采取研修讲座、学术活动等形式开展对企业在职者和社会人士的培训。

（2）形成期：20世纪70年代至80年代，日本经济逐步进入稳定增长的时期，一跃成为仅次于美国的第二经济大国，对专业人才的

需求类型也呈多元化态势，为应对产业界的需求，日本高校开始重视创业教育，在课程设置上融入了职业规划教育的内容，对学生开展总体指导和个别咨询相结合的职业规划教育。多数高校还联合产业界和社会机构，在校内开设了针对企业在职者的继续教育和以创业教育为主题的讲座、技能培训、专业实践、实习等活动，对培养学生的创业能力发挥了积极作用，日本高校的职业规划教学体系也逐步系统化。

（3）发展期：20世纪90年代以后，日本泡沫经济破灭，经济增长持续低迷，通货紧缩、人口负增长以及高失业率使经济进入持续衰退期。为此，政府调整教育理念，推出"科教立国"战略，强调要培养具有知识创新能力的人才。1995年日本《科学技术基本法》出台，1996年日本经济团体联合会提出"培养具有创新精神的人才"，体现了政府和产业界对创新创业型人才的迫切需求。日本高校在1998年开始实行"企业见习制度"，通过企业内部的实习，学生的职业观念、就业能力和工作水平都得到了提升，也就此揭开了日本高等学校创新创业教育的序幕。

（4）成型期：进入21世纪知识经济时代，日本教育改革国民会议正式提出了"创业家精神"的概念，面向学生和社会人士开展创新创业教育。2003年日本政府发表促进青年创业的指导性文件《青年自立·挑战计划》，有力推动了创业教育的发展。依据日本经济产业省2010年的调查数据，日本国内的早稻田大学、庆应义塾大学、立命馆大学、横滨国立大学等261所高校,将创新创业教育纳入本科和研究生的选修或必修课程。多年来,日本创新创业教育逐渐形成了"产、学、官"三位一体的协同发展模式,即在开展创新创业教育的过程中充分调动社会各界的资源,形成以政府(经济产业省、地方公共团体、产业振兴团体)、受托或独立进行创业教育的组织(企业和非营利组织)及高校三者协同互作、不断创新的教育模式,标志着日本创新创业教育的本土化特色发展。

2. 日本创新创业教育的发展特色

(1) 重视创业教育的体系化发展

日本重视创业教育过程中的相互衔接问题,强调在小学、中学教育阶段开展创业启蒙教育的重要性,认为"没有励志创业的企业家,创业企业就无法产生"。特别是在创业初期,创业者本身的能力、素养是之后创业企业能否成功的关键要素。挑战精神、创造性等创业精神的培养与人的意识、价值观、行动模式等有着密切的联系,因此,培养受教育者初步的创业心理意识和意志品质尤为关键。自1999年以后,由日本经济产业省牵头,政府与企业、科研机构等民间力量联合推行以下举措:其一,开发初等、中等教育阶段创业教育教材、课程,设计创业型人才的培养计划及创业教师操作手册;其二,引入具有创业资质和经历的企业经营者到校讲学,同时选派学校教职员工到企业参加研修,形成良性互动;其三,设立初等、中等教育阶段学生参与、体验创新创业教育的示范项目；其四，对在创业教育过程中贡献突出的社会团体给予表彰奖励。各项措施的相继实施为高等教育阶段创新创业教育的顺利开展奠定了基础。

大学阶段，各高校以培养学生的创业家精神、生存能力、思维方式及创业实践技能为重点，开展综合的创新创业教育课程。据统计，日本高校设置的创新创业类课程共计1141门，课程的内容包含创业基础理论、技术和管理理论、营销策略、企业家精神的培养等，呈体系化、层次性、针对性发展。

（2）注重"产学官"的协同式推进

在政府方面，日本政府将"产学官"协同发展模式作为提高国家创新发展能力的重要举措，经济产业省、文部科学省、厚生劳动省相互协作，出台一系列措施推进创新型企业的良好运行。2016年，为促进企业与大学的联合研发创新，日本经济团体联合会明确提出"要强化产官学协作下的共同研究"。安倍晋三首相在第5次"面向未来投资的官民对话"（2016年4月）中指出，"为加强产学官联合发展，政府目标是在未来10年，企业向大学、公共研究机构的投资额增加现有的3倍（未来投资战略2017）"。同年，文部科学省和经济产业省召开对话会议，围绕加强产学融合、共同研究资金的保障、知识产权的保护、风险管理的强化、创新型人才的流动等问题开展讨论，制定措施加以规范和指导，并在资金、管理方面给予充分的支持。在产业界方面，许多大企业和中介机构积极活跃在大学创新创业教育中，与学校达成校企合作，向高校提出人才需求的意见，为学生提供实习基地。中介机构积极促进大学研究成果专利的转化，通过校内企业孵化设施、创业辅导机构等为创业者提供咨询服务，为有潜力的创业计划提供种子资金和运营资金。近年来，企业和高校共同研究、企业外部委托研究呈扩大趋势，政府"未来投资战略2017"的形成激活了来自民间企业的研究投资，据统计，2016年从民间企业获取的研究资金等（共同研究、委托研究、试验、知识产权等收入）约848亿日元，比前一年增加约83亿日元（同比增长10.9%），是自文部科学省开展调查（2003年开始）后首次突破800亿日元。

在大学方面，日本高校不断创新办学思路，在加强创新创业课程教育的基础上，开展创新创业类比赛，选拔优秀项目入驻创业孵化基地，将课程教育与创业实践有机融合，如东京大学的"创业道场"将比赛与课程相结合，课程级别对应不同能力、需求的学生，赛程总周期长、赛制层次清晰，帮助学生有效及时地将理论运用于实践。近年来，高校与产业界密切联系，从日本经济产业省2022年发布的大学风险企业数据库来看，大学风险企业数量已从1990年的55家累计增长至2022年的3000余家，新创企业呈稳步增长态势。

（3）构建创新创业人才的支援性平台

在开展创新创业教育过程中，日本政府积极整合各方资源，为创业教育的发展搭建了良好的平台。2009年，经济产业省依托其委托项目——创业人才育成事业，建立了"大学–研究生院创业教育促进网络"，汇集了国内从事创新创业教育的大学教师、开始着手创新创业教育的教师、具备丰富创业经验的企业家、从事创业实践教育的校外讲师等社会各界力量，2011年初会员总数已达719名，其中，大学、研究生院的教师占总数的45.8%。综合平台提供了创业政策的信息发布、创新创业教育专题讲座、会员互动交流等各项服务。全国性平台的建立，打破了过去各高校在信息交互上的壁垒，创新创业教育理论界与创新创业实务界的交流互动，有效引导了高校在创新创业教育实践中的创新发展。

具体而言，"创业人才育成事业"在搭建网络平台的基础上，各工作小组积极促成各项创业事业的发展。一是举办全国论坛、区域性座谈会、案例教学法研讨会。高校教师就学校创新创业教育的课程设置、授课内容、讲授方法、特色做法等进行演说，邀请企业人士共同就学校教育在创新创业实践中的效用展开讨论，达到案例教学方法上的相互促进。二是推广创新创业教育示范讲座。讲座内容包含创新创业精神的培育、创新创业技能的学习、经营技能的演练、企业家专门教育等，据调查反馈，示范讲座的推广有效唤起了学生的创业意识，来自产业界的企业教育者也成为各校外部教师聘用的重要资源。三是举办创新创业教育优秀学校的参观学习会。

由在创新创业教育领域已形成先进经验的高校就学校的办学理念、创新做法、特色课程等向其他高校,特别是地方高校进行展示、讲解,形成学校间的相互学习促进。四是推行外部讲师聘用计划。网站已登录的校外讲师由企业家、经营者、风险投资家、律师等组成,通过收集其基本信息形成讲师数据库,各高校可自由阅览、检索并邀请外部讲师到校讲学或进行技术指导,以此提升产学合作和创业教育的实操性。五是编写创业教育教材。鉴于现有教材实用性和案例的不足,工作组收集素材,将创业基础理论与案例分析相融合,为高校提供了实用性强的高质量教材。

三、英国大学生创新创业能力培养实践

1. 英国推进高校创业教育的政策演进及发展现状

20世纪80年代以来,英国高校掀起了从"研究型大学"到"创业型大学"演变的第二次学术革命,如帝国理工学院、普利茅斯大学、爱丁堡大学、布鲁内尔大学等英国高校纷纷开始营造创业文化氛围、开设创业教育课程、开展创业实践。高校创业教育的长足发展与英国政府对大学生创业和创业教育在政策上给予的支持、引导和规范是不可分割的。1987年英国政府启动的旨在培养大学生的可迁移性创业能力,要求将与工作相关的学习(work-related learning）纳入课程之中，并鼓励学生为自己的学习负责的"高等教育创业"计划（Enterprise in Higher Education Initiative，EHE）开启了高校大学生创业教育的开端。21世纪初期，英国政府发布《全国大学生创业教育黄皮书》（NCGE Yellow Paper 2009）等相关政策文件、调查报告，进一步推动了英国高校创业教育的发展，为创业教育的繁荣提供了根本保证。

英国高校的未来发展趋势是由"研究型大学"向"创业型大学"转变，其关注的焦点是加强英国高等教育环境的活力，并试图从这样的环境中为大学模式的转变积累经验。更普遍的是，整个世界都在发生这样的转变。教育经费、政府干预、企业创新、学生创业、社会流动与就业、区域间伙伴关系发展、现代信息技术的运用以及国际市场变化所带来的压力也如期而至[①]。如何在这样的大背景下，推动创业教育的创新发展，实现英国大学模式的转型，将是英国高校及政府所面临的巨大挑战。虽然英国政府在最近十年中连续出台了多份有关创新政策的文件，并大力推进国家创新系统的完善，但是仍旧面临着巨大的挑战。2003年的《在全球经济下竞争：创新挑战》就认为，当前的创新活动中，以下三个方面亟待改进：（1）需要不断增加企业尤其是中小型企业中相对较少的知识创新活

---

① Allan Gibb. Exploring the synergistic potential in entrepreneurial university development: towards the building of a strategic framework[J]. ORIGINAL RESEARCH ARTICAL, 2012, 60（3）: 3-5.

动；（2）加强研发基地（如大学、科研机构）与企业之间的联系；（3）明确未来创新国家中所需要的各种技能并提供高素质的劳动力。

2. 英国高校创业教育体系建设的主要特征

（1）分层多样的创业教育课程体系

2012年9月，英国创业教育团体在高等教育质量保证机构（QAA）的协助下发表了一篇名为《创业与创业教育》的指导报告，该报告为英国高等教育的供应商提供了新的指导。创业和创业教育的最终目标是产生创业效能，创业效能由创业意识、创业思维和创业能力三部分组成（QAA，2012）。由于个性、学习结构、动机、能力和情境等自变量的范围不同，学生也会利用不同的方式达到不同程度的创业效能。在这一目标的指导下，英国高校的创业教育课程可分为两类，即"关于创业"（about courses）的课程和"为创业"（for courses）的课程。"关于创业"的课程目标是帮助学生理解和吸收现有的关于创业的知识和资源，从而促进他们对创业这一主题的深入理解。"为创业"的课程专注于帮助学生树立进取的心态并发现什么是积极进取的，为以后成为一个企业家提高洞察力和实践能力。学习者通过参加一些革新和有创造力的活动来挑战自己的思想，并在这些活动中运用所学的理论来指导自己的实践。麦克翁等人在调查中将英国创业教育课程划分为四类：创业、创新、创新管理、技术转移管理。到目前为止，英国高校已经构建起包括

"创业意识""创业通识"和"创业职业"三层次的机会导向型创业人才培养课程体系[①]。有的高校还专门开设了面对特殊群体的创业课程,如关注社会非营利组织与营利组织创新问题的社会创业课程、女性创业以及少数民族创业课程等。

(2)专业化的创新创业型师资队伍

未来英国的大学是"创业型"的大学,创新型和创业化的教师是建设"创业型大学"必不可少的条件。由全国大学生创业委员会策划筹办的"创业型大学年度奖"至2012年已成功颁发四届,入围2010—2011年度"创业型大学"提名奖的有布鲁内尔大学(Brunel University)、中央兰开夏大学(University of Central Lancashire)、赫特福德大学(University of Hertfordshire)、帝国理工学院(Imperial College London)、普利茅斯大学(University of Plymouth)和提塞德大学(Teesside University);入围2011—2012年度"创业型大学"提名奖的有东英吉利大学(The University of East Anglia)、爱丁堡大学(The University of Edinburgh)、哈德斯菲尔德大学(The University of Huddersfield)、北安普顿大学(The University of Northampton)、普利茅斯大学(The University of Plymouth)和思克莱德大学(The University of Strathclyde)。除

---

① McKeown, J., Millman, C., Sursani, S. R., Smith, K. & Martin, L. Graduate entrepreneurship education in the United Kingdom[J].Education + Training, 2006, 24(9):597-613.

却制度化的环境影响、学生创业成效和大学创业效应，这11所大学都是凭借创新型和创业化的师资队伍脱颖而出的。中央兰开夏大学要求授课教师为专业的从业人员，以便教师利用他们的业务关系，明确能够产生的商业机遇，为学生实习和员工借调创造机遇。为了鼓励教师的创新和创业行为，兰开夏大学采取职位晋升的方式来奖励学者。帝国理工学院有领先的致力于创新创业研究的部门，该部门由50多位科研和教学人员组成。他们既是教学主力，又是IE&D研发项目取得成功的核心。帝国理工学院的创业导师对学生创业指导的一个主要特征就是教师的"商业化"，他们为学生从创业初期到组建优质的管理团队提供有效的资源和专业化的知识。帝国理工学院同样设有政策来嘉奖学者们对创业的贡献。普利茅斯大学凭借创新型和创业化的教师队伍连续两次获得"创业型大学"年度奖的提名。创业和创业教育是普利茅斯大学活动的核心，学校鼓励各个层面的学术型和专业型教师以不同的方式思考和行动，大胆创业。

（3）灵活多样的教学方式

英国大学创业教育的教学方法具有灵活性、多样化的特点，如师带徒学习方法、工作实习项目、野外拓展训练法、工作访问、头脑风暴法、模拟和游戏、竞赛和多媒体案例教学等[①]。全球性的信息技术革命为创业教育开辟了大规模的市场，大大加强了"自

---

① 牛长松. 英国高校创业教育研究[M]. 上海：学林出版社，2009：194－209.

我导向"学习方法的潜在灵活性[①]。大量网络公开课程即"慕课"（MOOC）越来越受到大众的追捧，在当下英国全日制成人学生数量减少而学费上涨的形势下，"慕课"成为一种吸引成人学生的好办法，尤其是当伴有弹性学分积累与制度转移的可能性时。当然，这种方式需建立在他们对社交媒体的使用能力上。另外这种网络学习方式也有一定的局限性，比如难以保证课程资源与评估和认证之间的衔接，以使学生拿到必需的学分达到及格。为此很多高校的创业教育课程采用计分卡（scorecard）的形式来进行评估。计分卡包含所有与战略领导方法相关的问题，即将创业和创业教育嵌入大学[②]。它已被用于综合审查大学的创业潜力，透视读者集中感兴趣的领域和勘探大学不同活动领域的潜在协同。"创业型大学领导计划"的参与者也使用这种方式。有的创业导师在发展计划中也利用计分卡来测试自身对创业活动的知识掌握，这不仅为他们的发展状况提供了一种主观评价，也为创业教育嵌入大学提供了坚实的基础。

[①] Allan Gibb．The University of the Future： An Entrepreneurial Stakeholder Learning Organization？[J].Article Stable URL，2013．

[②] National Council for Graduate Entrepreneurship．The Times Entrepreneurial University of the Year Award[J].Article Stable URL，2012．

第二节 国内大学生创新创业能力培养实践

一、国内大学生创新创业教育的相关政策

1. 第一阶段：探索阶段

第一阶段是创新创业政策探索阶段，创业教育的概念始于1998年提出的《面向21世纪教育振兴行动计划》，其主要目的是鼓励全国高校教师和学生创立以高新技术为核心的高科技企业。这也标志着我国大学创新创业政策拉开了序幕。为了使大学生创新创业政策加快推进，教育部在1999年的全国教育工作会议中指出，为了鼓励和支持大学生创业，可通过小额贷款等方式在资金上支持大学生进行创业。2002年4月，教育部在普通高校创业教育工作会上提出，对于高校毕业生自主创业，从政策上给予一定的扶持，包括简化工商

和税收等手续的办理，我国相关部门共同帮扶大学生创新创业政策开始。这一阶段的大学生创新创业政策是以政府为主导作用，政策内容不具体，主要以鼓励为主，政策操作性不强[①]。

2. 第二阶段：推进阶段

第二阶段为创新创业政策的推进阶段，教育部于2004年公布的《关于进一步做好2004年普通高等学校毕业生就业工作的通知》指出，对自主创业的高校毕业生予以鼓励和政策的扶持，包括提供小额贷款和担保等。教育部于2006年发布的《关于切实做好2006年普通高等学校毕业生就业工作的通知》指出，必须贯彻执行大学毕业生创业政策，侧重对大学生创业予以扶持，出台了一系列扶持大学生创新创业的政策，包括创业教育的指导培训工作，建立大学生创业孵化基地和大学科技园区。2007年，教育部提出《大学生职业发展与就业指导课程教学要求》，在大学生就业指导的教学内容中引入了创业教育课程，明确了课程目标和教学内容。2008年，国务院发布了《关于做好促进就业工作的通知》，通知强调应当通过三位一体的工作机制支持大学生进行创业，即健全政策扶持、创业服务和创业培训，从而使创业环境得到进一步改善。

[①] 董舟.大学生创新创业政策的有效性评估和优化研究——基于温州地区的创业政策实践[J].创新与创业教育，2020，11（03）：38-42.

3. 第三阶段：完善阶段

第三阶段为创新创业政策的完善阶段，大学生毕业就业问题已引起了社会的广泛关注，并逐步完善大学生创新创业政策。2009年1月，国务院发布了《加强普通高等学校毕业生就业工作的通知》，指出应加强学生创业服务。教育部设立了高等教育机构创业教育指导委员会，对高校学生的创业教育进行指导。2010年4月，人力资源和社会保障部、教育部等部门发布了《关于实施"2010高校毕业生就业推进行动"大力促进高校毕业生就业的通知》，明确规定了关于大学生创业劳动保障、人事代理服务、社会保险关系等方面的问题，从而使大学生创业时的社会保障问题得到妥善解决。2010年11月，教育部发布了《关于做好2011年全国普通高等学校毕业生就业工作的通知》，对学生创新创业的支持做了进一步的明确，使创业环境在一定程度上得到较大改善。根据这些文件，各部门不断地加大对大学生创新创业各方面的扶持力度。

4. 第四阶段：网络阶段

第四阶段为创新创业政策网络阶段，2015年，互联网作为一种新形式受到创业大学生的青睐。2015年5月，《关于深化高等学校创新创业教育改革的实施意见》提出，高等教育全面改革的突破口就是对高校创新创业教育进行深化改革。通过社会力量和各种形式帮助大学生进行创业，如设立大学生创业风险基金等。2015年12月，教育部发布了《关于做好2016年全国普通高等学校毕业生就业创业工作的通知》，其中指出，为了加快学生创新创业教育改革，所有高校要设置创新创业教育课程，并纳入学分系统，还强调相关部门要完善创新创业的优惠和扶持政策，鼓励相关部门制定对大学生创业创新有利的政策。2016年6月，教育部颁发《关于促进2016届尚未就业高校毕业生就业创业的通知》，强调地方高等教育机构必须积极鼓励和促进未就业大学毕业生创业，并做好相关指导服务工作。

二、国内大学生创新创业能力培养的课程

1. 课程建设原则

大学生创新创业能力的培养离不开创新创业课程，在当前"大众创业、万众创新"的时代背景之下，各大高校越来越注重大学生创新创业课程体系的建设。大学生创新创业课程与其他课程不同，其主要目的在于让学生将课堂知识转换到创新创业的实践操作之中。大学生创新创业课程体系建设的原则主要有以下几个方面。

第一，创新创业教育课程包含实用的理论基础。创业是个体的一种实践行为，但是实践离不开理论基础。为了更好地指导大学生

创新创业，创新创业课程必须包含实用的理论基础。创新创业课程需要从理论层面回答学生的以下问题。什么是大学生创新创业？当前大学生的创新创业环境如何？大学生创业需要具备哪些知识与能力？学校对大学生创新创业能提供哪些方面的支持？如何培养自身的创新创业意识等。

第二，创新创业教育课程与专业教育课程有机结合。创新创业课程体系的建设应遵循的重要原则之一，就是创新创业课程应与大学生自身专业课程密切结合。以大学生自身专业课程为背景，能更好地寻找创新创业的发展方向。目前，大学生创业存在的严重的问题是为了创业而创业，而荒废自身所学专业。中国青年网的调查数据表明，绝大部分大学生创业者都选择了传统、复制性强的行业[1]。说明大学生关于创新创业方面的知识过于浅薄，并且在创新创业过程中脱离了自身专业，不能将自身专业应用到创新创业的实践中。因此，大学生创新创业课程的教学目的之一是教会学生如何将自身专业与创新创业相结合。

第三，课程形式多样。创新创业课程不应局限于传统的课堂教学。对于培养大学生的创新创业能力而言，传统的课堂教学在实用性、创新性、互动性方面就显得远远不够。大学生创新创业课程的

---

[1] 易高峰. 构建地方本科院校创新创业教育生态系统[J]. 中国高等教育，2017（17）：53-55.

形式灵活多样，才能更好地帮助学生融入创新创业的氛围之中。例如，开展基于"互联网+"创新创业大赛的创新创业课程，以课程指导项目实施落地。

第四，课程具有超前性与引领性。创新创业课程的重要目标之一是培养学生的创新精神与能力。因此，在创新创业课程体系的构建中，应引入新的培养理念与培养方法，不管是教学方法还是教学内容，都应该与时俱进，甚至具有超前性。创新创业课程在遵循超前性的原则下，也应遵循引领性原则。在创新型人才培养中，应以成熟的教学改革成果和专业的教学标准为指导原则。

2. 课程建设要求

大学生创新创业能力的内涵决定了创新创业教育课程建设的方向、内容和授课方式。

（1）课程建设方向

大学生创新创业课程体系的设置应重点培养大学生具有较好的人文素质修养，能够树立正确的世界观、人生观、价值观，在某种程度上，大学生人文素质修养的高低是应用型本科院校培养创新创业人才的首要质量标准。同时，该课程体系的设置还应重点培养大学生具备独立思考的创新意识、团结协作的创业能力和勇于奉献的担当精神。这要求课程除了设置包含教授学生通识知识、学科知识、专业知识等相关课程以外，还应设置与创新创业教育相关的、能够提升学生人文底蕴和人文境界的公共课程。创新教育课程应主动改变原有的教学模式和教学方式，真正将学生的创新意识激发出来。通过课堂混合式教学改革，建立内部适当分工、团结协作的学习模式，使学生成为课堂知识的主动获取者，能够通过独立思考和课堂辩论，提升其批判精神和敢于探索的想象创新能力，培养大学生的责任心、奉献精神和协作意识，使其能够在关注自我的同时兼顾他人和社会整体，担当起新时代实现中华民族伟大复兴的历史重任。

（2）课程建设内容

大学生创新创业课程体系的设置应培养大学生具备多学科交叉知识的融合。诺贝尔奖得主丁肇中教授曾指出，"有动手能力并不能创新，创新思想和多学科素养构成创新的两大支撑"。[①]因此，创新创业课程体系的设置应充分考虑多学科性，鼓励学生参加跨学科的课程教育和专业创新教育，使创新教育课程覆盖大学理论教学和实践教学全过程。

高校在建设课程内容时，第一学年，开设创新创业通识课程、学科基础课程和认知实习课程，使大学生初步掌握创新创业教育的基本理论、方法和应用，激发学生基于学科知识进行创新活动（包括参加创新创业大赛）的主动性；第二学年，开设创新专业核心课

---

① 谢和平. 以创新创业教育为引导全面深化教育教学改革[J]. 中国高教研究，2017（3）：1-5+11.

程和相关综合专业创新实验课程，培养大学生运用创新理论和方法、学科专业知识以及其他学科知识、技术与方法，提升大学生分析、解决实际问题的创新能力；第三学年，开展专业扩展教育创新课程的教学，使大学生通过校内外产学研协同训练，提高创新创业能力；第四学年，结合毕业实习和毕业论文（设计），强化创新创业教育过程中的实践训练，实现创新创业教育与课题研究、社会实践相结合，提升大学生创新创业的社会适应能力。

（3）课程的授课方式

大学生创新创业课程体系的设置应促使大学生将创新创业教育与学科基础教育、专业教育相融合，实现创新课程的教学方法和考核方式创新。很多高校的实践表明，创新创业课程教学与学科基础课程、专业教育课程教学的融合程度直接决定了大学生创新创业能力的培养质量。

应用型本科高校可以在课程设置体系和课程教学模式两个层面对创新创业课程和专业教育课程进行融合。第一，依托人才培养方案，设置专业课程与创新课程有机结合的课程体系，实现专业课程和创新课程有机互补。由于创新创业课程属于实践教学，这决定了专业教育课程和创新课程的设置需要行业企业、社会机构参与进来，并在专业课程教育中有机融入创新创业理念，实现创新创业课程与专业课程紧密融合；第二，推进两种课程教学模式和方式统一，激发大学生专业学习的兴趣，促使大学生在掌握扎实专业知识的基础上更好地开展创新创业活动。当前国内大多数地方应用型本科高校，创新创业课程教学模式和方式并没有真正融入专业课程教学之中，两种教学模式和方式差异大，"两张皮"状态严重。专业课程大多运用传统"填鸭式"的教学方式进行教学，主要以理论教学为主，而创新创业课程教学注重实践教学，鼓励学生创新实践。在这种割裂的教学模式下，很容易导致第一学年和第二学年具有创新创业积极性的学生出现脱离专业课程学习的状况，甚至影响其学业的正常完成。创新教育课程应转变传统"填鸭式"的教学方式和期末考试的单一考核方式，在课堂教学过程中逐步推动参与式、讨论式、启发式和探究式的混合教学模式，提高学生的学习积极性和主动性，强化师生互动和生生互动，真正做到以学生为中心。同时，提高授课教师多学科的知识水平，鼓励教师将学科前沿的最新研究成果和实践教学有机融入课堂教学。适时推行翻转课程的教学方式，培养学生的批判性和创造性思维，增强学生创新意愿，培育学生创新潜能。改革考核内容和考核方法，促使创新课程的结果考核、知识考核、单一考核形式向过程考核、能力考核、多种考核评价方式的转变。

大学生创新创业课程体系的设置还应使大学生毕业后能够获得持续提升创新创业能力的机会。因此，创新创业教育课程还需设置短期、小班性质的创新创业实践教学课程，并通过组织有创业实践经验的毕业生与在校生结合组队，参与校级、省级甚至国家级的创新创业相关大赛，实现毕业生创新创业知识和能力的更新与提高。

3.课程体系内容的构建

（1）通识教育创新课

第一学期和第二学期是引导大学生进行创新创业的认知时期，对其创新创业能力的培养至关重要。通识教育创新类课程设置包括"创新思维概论""创业教育概论""创新教育学""大学生创新创业指导"以及其他创新课等，其主要目的在于丰富和扩展学生创新创业能力所需的相关综合知识，并与通识教育基础课（如"思想道德修养与法律基础"）相结合，培养创新创业和跨学科意识，开发大学生创新创业思维，树立优秀的道德品质和法治意识，为以后学科类、专业类和实践类创新课等创新创业实践课程奠定坚实的理论和实践基础。该创新课程可以通过"翻转课堂"、第一课堂与第二课堂结合授课等各种互动形式，使学生参与到课堂的理论与实践教学过程之中，摆脱高中时期形成的被动接受知识的观念，增强其在创新精神和创业意识方面的主观能动性，使其能够从国家发展和自身未来职业规划角度认识到创新创业能力的重要性。

（2）学科基础创新课

一般情况下，第三学期和第四学期开始进行大量学科基础类课程教学，是扩展大学生创新创业能力和综合知识、夯实创新创业的学科基础相关知识的关键时期。学科基础创新类课程可以设置能够与学科基础课衔接的"创新创业方法""创新思维导图""前沿专题讲座"等,此外还可以适当增加跨学科的课程,比如工科类应用型本科高校可以将社会科学(如经济学、管理学科普类课程)、文学以及历史学等课程融入理工科类专业学生创新创业教育中。在作者所在的高校,人文社会科学基础课程中,开设与创新创业相关的"经济学导言""管理学导言""创业理论与创业实践"等经管类课程,学科拓展课中开设"创造学与创业""电子商务与网店开设""企业经营管理与实践"等课程。授课教师通过引导和鼓励具有一定创新创业意识的学生,结合本阶段学科基础理论和实践课,积极参加校内外创新创业大赛,使学生充分了解和体验创新创业的基本过程,增强创新创业能力。

(3)专业必修创新课

第五学期和第六学期是应用型高校专业核心课程和实践课程进行教学的集中时期。鉴于创新创业能力培养本质上属于实践类教学,因此,专业必修创新课程设置灵活,层次多样,其包括与专业课程相关的"技术创新管理""创新与潜能开放训练"以及其他创新创业类课程。这类创新课程一方面应充分与专业必修课程的课内实践和集中实践有机结合,另一方面以虚拟仿真实践平台和校企合作为基础,开展大学生第二课堂活动,培养大学生创新创业精神和实践能力,从而提高学生发现问题、分析问题和解决问题的能力。

（4）专业选修创新课

高校开设的专业选修创新课需要与专业核心课程相匹配，可以有助于学生从学科专业知识视角掌握项目开发与设计能力，激发学生主动参与创新创业实践。当前，高校开设的专业选修创新课程主要有："专业大数据分析与研究""区块链技术与未来创新创业""行业发展趋势与机遇""科技发展前沿讲座"及其他创新课等，这些课程内容的开发不仅可以扩展大学生创新创业精神、思维和视野，而且对培养学生交叉学科思维有着积极作用。

（5）集中实践创新课

这类创新课程不拘于课堂或讲座，还包括创新创业大赛、课题申报、论文写作以及专利申请等多种类型，是对学生创新创业意识、动手能力、科研综合创新能力的实践检验，覆盖整个学习时期，可以借助校企合作创新创业实践平台，让学生真正参与真实创业实践全过程，提高学生实践技能。引导和鼓励大学生从第五学期开始进行创新创业课题探索，学生自主选择指导教师，由指导教师带领进行创新，或参加大赛，或进行技术研发，或合作撰写学术论文，直至延伸至毕业论文写作，形成创新创业能力的连续培养体系。鼓励学生到校内科创中心和孵化园区，参与微型企业以及网店的策划、管理与创办，真实感受创新创业全过程。

三、国内大学生创新创业能力培养的经验与启示

1. 加强对创新创业学科领域的研究

从以美国、日本、英国为首的发达国家来看，在创业理论的研究方面往往都有着卓越的建树，而过去我国经济建设处于赶超阶段，模仿、借鉴发达国家生产技术、商业模式成为社会经济发展的主要形式，在创新创业教育理论的研究方面起步较晚。

对此，国家应加大对创新创业教育理论研究的投入力度，一方面，设立创新创业研究基金、奖项、课题，以多样化的手段鼓励和吸引更多专业人士投入创新创业教育的研究中，提升创新创业教育的社会关注度；另一方面，高校应提升对大学生创新创业教育的重视度，为创新创业教育研究者提供良好的科研环境，给予创业学的教师适当的津贴、薪资补贴倾斜，提升创新创业教育一线教师的工作积极性。

2. 加强对青少年创新创业精神的培育

与发达国家相比，我国青少年创新精神和创新能力的缺失由来已久，一是源自我国"学而优则仕"的传统思想观念，使得绝大多数父母都希望儿女未来进编制、捧"铁饭碗"，无形中压抑了青少年的冒险、创新精神；二是源自传统的应试教育模式，我国高考制

度使得基础教育不得不以僵化死板的所谓"标准答案"为宗旨，严重压抑了学生创新意识和能力；三是源自大学教学方式部分地延续了中学的教育方式，而且教学内容又与社会实际、生产生活有一定脱节，仍不利于大学生创新创业素养的培养。对此，为了提升我国青少年的创新精神和创业能力，必须不断深化教育教学改革，突破应试教育的桎梏，从基础教育抓起，注重对学生的创新创业精神和创新创业能力的培育，从小为受教育者注入创新创业之魂，让素质教育全面深入地落实到各个阶段的教育实践中，为大学生创新创业打下良好的教育基础，真正地培养适应经济社会发展所需的创新创业人才。

3. 鼓励校企合作，联合开展创新创业教育

我国应借鉴发达国家的经验，积极探索高校与社会企业、组织机构的合作模式，在大学生创新创业教育上，获得社会资源的支持，鼓励高校在做好教育工作的前提下多参与企业生产和商业运作。一方面，可以使得我国大学教育更加贴近经济社会发展的实际需求；另一方面，可以拓宽大学生视野，学以致用，在实践中增强大学生的动手能力。在具体策略上，政府可以发挥政策制定和资源调配的作用，给予与高校合作的企业一定的税收优惠和便利条件，提高企业与高校合作的积极性；同时，高校自身应努力发挥自身的智力优势，结合自身实际为企业提供咨询服务等智力支持，着力提

高科研成果的转化率，以实实在在的价值吸引企业进校园。

4. 加强创新创业师资队伍建设

首先，政府应加大投入力度，建立多层次、立体化的教师的进修、培训机制，鼓励创新创业教师到国外进行观摩、考察、交流、学习，从而使高校创新创业教师能力得到全面提升；其次，高校应加强与企业的合作交流，定期派遣教师前往企业参观学习，鼓励教师参与到企业的产品创新、工艺设计等工作中，在实践中提高现有教师对创新创业的认识与理解；再次，加强兼职教师队伍的建设，利用好社会资源、校友资源，邀请社会上的企业家、创业者或者毕业的校友作为学校的兼职教师，为学生传授创业的经验；最后，加强与其他学校的交流合作，学校间可以相互学习，相互借鉴，通过资源共享、师资互聘等方式来充实师资队伍。

5. 建立健全大学生创新创业教育支持体系

（1）着力构建政府、高校、社会力量等组成的创新创业教育联动机制

大学生创新创业是一项高度社会化的实践活动，因此，高质量的"双创"教育绝非仅仅依靠高校的力量就能完成的，只有联合政府、高校、社会力量，汇聚共识，形成合力，构建多层次、多维度、多元化、立体化的创新创业教育支持体系，才能有效地促进创

新创业在高校各个学科领域的全面开花。高校一方面应充分发挥其在"双创"教育中的主体性作用，成立专门的组织机构，加强与各级地方政府的沟通协调，发挥政府政策制定和资源调配的作用，为"双创"教育赢得有利的发展条件；另一方面，要积极开展与社会各行各业的企事业单位的合作，实现资源、人才要素的合理、充分流动，引进社会力量进校园，为"双创"教育营造良好的外部环境。

（2）积极拓宽大学生创新创业的资金来源

资金是创新创业过程中必须面对的一个现实问题。虽然现阶段政府有扶植大学生创新创业的专项资金，各个高校自身也有部分支持大学生创新创业的预算，但总体上还难以形成较大的覆盖面，离大学生群体"大众创业、万众创新"的要求还有较大差距。因此，高校在与社会力量的合作中应努力加强资源要素中资金的引进工作，尽量减少高校师生"双创"实践的后顾之忧；同时还要组织精干力量成立大学生"双创"指导服务中心，帮助提升大学生创业团队与社会企事业单位沟通合作的水平，努力争取获得更多社会资金的支持。

第五章

我国大学生创新创业教育模式研究——以A校为例

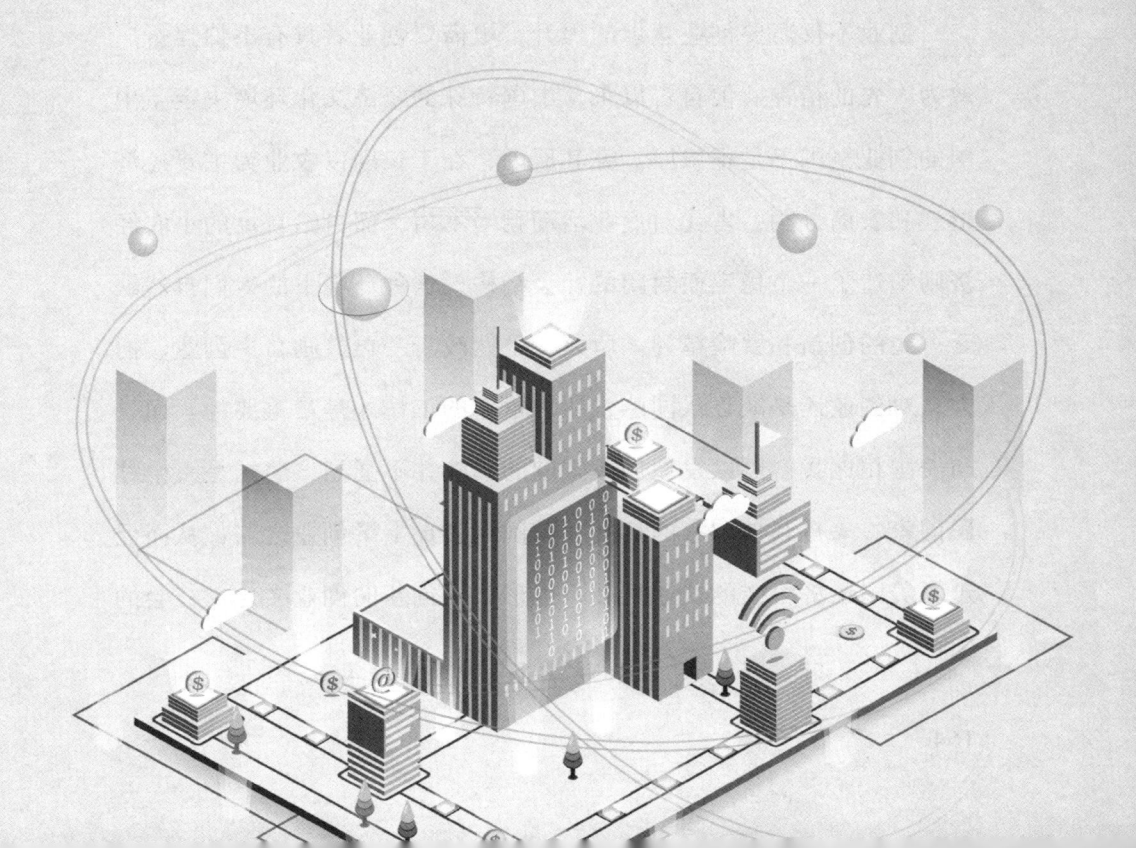

第一节　我国大学生创新创业教育存在的问题

一、我国的创业氛围并不浓厚

创业不仅需要创业意识的提升，更需要创业者具有不怕挫折、敢为人先的精神。但自古以来，中国特殊的经济文化环境决定了中国的创业氛围不是很浓厚。究其原因，在于长期以农业为主要经济形式和农商分割，古代对商业活动相当不屑，而自给自足的小农经济则塑造了一个稳定而封闭的社会结构，这种环境下的人们自然缺乏一定的创新和冒险精神。所以，虽然政府一再鼓励自主创业，但大众对创业还是缺乏认同感，认为稳定的工作才是最重要的。而且与美国相比我们可以发现创业氛围的影响并不强烈，美国是一个移民国家，来自其他国家的移民在美国大多走上了创业之路，从而促进了美国经济科技的快速发展，也形成了创新的创业文化、社会的创业氛围。

从大学生学习的生活环境来看，也普遍缺乏创业氛围，从小学到大学，学生的生活学习空间基本上限于家庭和学习，人际交往圈子基本上限于亲友、老师和同学，对社会缺乏足够的了解，在这种情况下当大学生有创业想法时往往不知所措，不知道什么样的创业项目是最好的选择，而封闭的校园文化圈子又使学生无法通过自己的同学和朋友了解创业。所以大学生创业难的一个重要原因就是校园创业氛围的缺失。相反，如果校园里有浓厚的创业氛围，大学生就能长期接触各种创业理论和实践，创业时也不会迷茫。此外，创业氛围的缺乏也造成了大学生的心理准备不足，因为学校在创业教育中主要是以成功案例为创业教材，校园里也很少有创业实践，所以很多大学生对创业没有心理准备，认为创业一定会成功，缺乏面对创业失败的心理，在这种情况下一旦创业实践失败，大学生的创业热情就会迅速下降。

缺少风险资本也是影响大学生创业整体环境的影响因素之一。创业需要强大的物质基础作为支撑，也需要社会实践活动，通过热情来完成。缺少资金也许是当今大学生创业者最头痛的问题。新时代的大学生从一开始就不需要钱来创业，因为几乎所有的家庭都不想在毕业后创业，为了支付学费和生活费，很多大学生不想因为创业需要钱来找家庭。对于贫困生而言，他们不可能拿着家里的全部储蓄用来创业，即使他们有很好的创意，他们也不能付诸行动，这注定是限制企业家的一个关键原因。国家有小额贷款支持，但与现实仍有一定距离。许多有创业想法的大学生由于缺乏启动资金而停止创业。目前，创业的方式之一是选择从社会上获得贷款或利息，获得贴息贷款。然而，由于涉及高风险，一般很难获得必要的资金。因此，根据大学生的实际社会情况，他们在第一阶段应以小企业为主要发展模式。在选择创业项目时，我们需要慎重考虑，不仅要看项目的利润，还要对行业前景和市场形势持乐观态度。

二、我国的创业教育体系不够完善

固然有很多人在没有经过系统的创业教育就成功创业，但是这些人都是经过多次的失败形成一种独特的创业理论，而大学生则缺少创业经验，因此创业教育在大学生创业中具有十分重要的地位。目前我国大学生创业教育的主要执行者是高校，但是由于高校并没有给予创业教育足够的重视，导致创业教育流于形式，对大学生所起的作用十分有限。对比美国的创业教育，我们就可以发现国内大学生创业教育体系的不成熟。

第一，美国的创业教育贯穿学生学习生涯的全过程，而中国高校的创业教育仅限于大学生。在美国，学生开始系统地接受一些创业教育，比如商业理论，从而形成较为系统的创业理念，在大学阶段得到爆发，从而促使学生走上创业之路。而国内高校的创业教育局仅限于大学生,而大学生更注重专业课的学习,对创业教育不太重视。所以,虽然高校反复强调创业,但是很少有大学生愿意去实施创业。

第二,美国的创业教育体系比较完善,集中在创业课程上。目前美国的创业教育课程已经进一步细分。企业运营与管理课程、市场营销课程、融资与投资课程、财务管理课程都是创业教育的一部分。这种课程设置方式有利于学生对创业有更系统的掌握。然而,国内高校的创业教育还停留在理论层面。课程内容主要以创业项目的选择、如何融资、创业心理等为主。这类课程对大学生有指导意义但没有操作价值。

第三,美国的创业教育非常重视与实践的结合,比如在美国有各种创业协会来帮助学生创业,而国内的创业组织大多是政府建立的,无论是企业还是个人都缺乏创业机构的意识,在这种情况下学生能从创业机构得到帮助的更是凤毛麟角。

高校作为培养优秀人才的摇篮,需要完善创业教育领域的基础课程设置,为大学生创业提供良好的思想引导,努力提高大学生的创业能力和水平。在高校中,大学生创业教育实际上是一种素质教育,而创业教育不仅可以强调素质教育的意义,而且可以充分体现一种创新教育模式,除了培养大学生的创业兴趣、创新意识,创业技能也很重要。例如,在教师讲授创业课程的同时,一些当地知名的企业领导和民营企业家也应该给大学生讲课,分享他们的经验,以及如何在瓶颈期克服困难，缓解压力。此外，美国高校通过开展各类模拟创业，让学生参与到创业的全过程，如模拟炒股，帮助和支持学生提高创业能力，在校园实践中模拟企业的运作；同时，社会也可以帮助大学生养成良好的创业精神，营造良好的学习和创业氛围，形成促进就业的公共环境，为大学生创业奠定良好的环境基础。在拥有良好创业环境的基础上，大学生自身的创业水平和能力是决定创业成功的最重要环节。

当然，中国大学生创业教育的巨大缺失，根本原因在于大学生创业教育在中国还处于起步阶段，所以无论是教育模式还是课程设置，都不可避免地存在一些不足。目前，很多高校极度缺乏专业的创业教育教师，在很多创业实践方面知识的传授，常常因师资力量的不足，无法为学生提供更多知识。许多大学的创业教育是由指导教师和思想教师提供的，这些兼职教师在教育中强调学生对理论知识的掌握，忽视了创业是一门实践课。因此，创业教育的成效不大，这是不可避免的。

三、我国创业政策体系不健全

《中国青年报》在2013年对国内1000个失败创业案例进行过调查，调查结果显示，在1000个失败案例中，因财务问题而导致创业失败的共有480人；因对市场信息把握不够导致创业失败的共有290

人；因创业团队内部不和导致创业失败的共有230人。由此可见，资金、技术和人际交往是导致创业失败的主要因素，而其中资金是创业者所面临的最大挑战，这些都需要政府给予政策上的支持。

政府对自己在创业中的作用缺乏清晰的认识。关于政府在大学生创业中的作用，包括监督者和引导者，一直存在着很大的争议。目前，公众认可的是引导者，即政府在大学生创业中主要起主导作用。一方面，它引导更多的大学生走上创业之路，另一方面，它为大学生创业铺平道路。但在实践中，政府对自己的角色缺乏清晰的认识。受传统行政思维的影响，政府在大学生创业工作中略显保守，认为大学生创业是一项投入大产出少的工作，远不如招商引资，所以在工作中主要侧重于优势产业，在这种情况下大学生创业面临困境。

（2）创业政策的制定与实施有待完善。政府虽然先后颁布了一系列政策来推动大学生创业，但是政策的制定与实施仍旧存在一些问题，主要集中在以下几个方面：首先是政策的倾向性过于明显，目前很多创业政策是针对高新技术创业而言的，对于传统的创业支持十分有限；其次是部分政策规定过于模糊，导致难以落实；最后是政策的宣传力度不够，面临着政策虽好但无人问津的尴尬局面。

（3）地方性政策的缺失。一直以来，中央政府都是推动大学生创业的主要力量，而地方政府在大学生创业中则主要扮演着执行者的角色，即将各种创业政策落实。但是每个地区的创业环境是不一样的，中央政府推出的创业政策是从全国的角度着眼的，对于大学生创业而言指导意义更强，这就需要地方政府出台详细的创业政策来加强大学生创业政策的操作价值，但是由于地方政府将重心放在经济发展上，导致大学生创业政策较少，影响了大学生创业的健康发展。

四、我国的大学生创业科技含量较低

2015年清华大学发布的《全球创业观察报告（2014）》对青年创业者的年龄进行了界定，认为18~44岁的创业者属于青年创业者，其中大学生毫无疑问是青年创业者的主体。该报告同时指出，中国青年创业者在高新技术上并没有显示，事实上在诸多的创业者中，仅有不到2%的创业者从事高新技术产业。由此可以看出当前我国大学生创业科技含量整体是比较低的。

事实上，目前我国大学生在创业项目的选择上大多数是将零售、餐饮、文化传媒等相对较为成熟的产业作为首选。原因在于两个方面：一个是零售、餐饮、文化传媒等产业发展模式较为成熟且成本较低，因此在创业中大学生能够借鉴的对象较多，而成本较低则意味着哪怕创业失败大学生也不会背负巨额的债务；另一个则是高新技术产业虽然未来发展前景十分广阔，但是高收益也意味着高成本与高风险，市场前景也难以把握，因此大学生除非获得风险投资机构的巨额注资，否则的话不会轻易选择高新技术作为创业对象。

五、不能正确认识创业的意义

不能正确地认识创业的意义是大学生创业普遍存在的问题，这种问题不仅表现在大学生身上，同时也表现在高校教育者和家长身上，具体如下。

（1）高校对创业教育的内涵产生了误解。虽然说在国家政策的指导下很多高校都已经开设了大学生创业课程，但是由于对创业教育的内涵产生了误解，导致创业教育能够取得的成效十分有限。例如由于传统的教育理念中并不鼓励学生自主创业，认为毕业之后找个稳定的工作才是重中之重，因此教育者在创业教育中的教学侧重点出现了偏差，主要是从就业的角度来进行教育，这种将创业等同于就业的行为毫无疑问是不利于大学生创业意识的形成的。此外，虽然说高校也会定期举办一些创业竞赛、创业讲座等活动，但是这类活动更多的是以社团活动的形式存在的，不仅覆盖面较窄，而且对学生产生的影响也十分有限。例如很多创业知识讲座主要是一些宏观理论上的讲授，却忽略了大学生不同专业之间的差别。

（2）大学生对创业的认识不够。事实上，大部分大学生并没有创业的观念，他们的基本追求大多是好好学习专业知识，在毕业之后寻找一份对口且体面的工作，而对于本专业之外的课程，大多持"60分万岁"的心态，这种情况下大学生的综合素质可想而知，自然也难以产生创意并进行创业。再加上很多大学生认为创业只是那些精英分子能够进行的，因此对创业始终抱着敬而远之的态度。

（3）家长对孩子创业的反对。在国内普遍存在这样一种现象，即家长宁愿借钱、贷款来支持孩子上大学，却不愿意多花一分钱来支持孩子创业。原因就在于家长认为孩子上大学的一个主要目的就是毕业之后能够找到一个稳定的工作，而创业的风险太大，很容易对孩子未来的发展产生影响，因此大多数家长对于孩子的创业行为是持反对意见的，这种情况下哪怕大学生有一些成熟的创业想法，但是在家长的影响下也会打消。

第二节 新创业教育存在的问题成因分析

一、我国高校发展方面的原因

1. 教育理念的落后

中国教育有着特殊的基本国情，深受封建思想的影响，所以很难获得现代教育理念和突破性的根本变革。例如，分数是评判学生的标准，学位是衡量人才水平的尺度，教育主要是书本教育，强调单一学科发展的共同管理理念，特别是外语和计算机；这些旧观念严重限制了学生的创造力和积极性，严重影响了学生的个性发展，阻碍了大学生发散性思维的形成。

2.高等教育体系的弊端

中国现有的教育体系下的有些专业严重脱离了实际或较少的社会需求，但招生规模却没有相应调整。在课程设置方面，很多专业的课程设置差别不大，忽略了专业的特点。大学和大专教育之间的差异没有得到反映。在教学内容方面，有些内容过于陈旧，不适应现代社会的发展变化要求。

3.应试教育的制约性

在中国，以考试为导向的教育最直接的后果是，大多数学生的独立思考能力很弱。有一种强烈的被动接受"等待和依赖"知识的心理。应试教育下的师生只重视学生的成绩，对其他方面素质的要求特别低，或者对人的心理素质只是形式上的要求，更谈不上特别培养学生的创业素质和思维。为了取得更好的成绩，我们往往只重视书本知识，对实际问题漠不关心，理论知识与实际问题严重脱节。近年来，从以考试为目标的教育向素质教育转变，但考试教育的概念并没有在短时间内得到解决，现实也是如此。在高考分数作为大学录取的重要标准的前提下，推广分级教育必然会面临很多障碍。我国的高等教育培养出的大学生相对缺乏创业素质，主要表现在以下几个方面。

一是创业意识淡薄。大部分大学生缺少创业意识，在学习生活中体现为安于现状，不求上进。当代大学生的一个主要追求就是学好专业知识，在毕业之后能够寻找一个对口的工作即可，对于充满风险的创业往往是敬而远之。

二是创业个性不明显。创业个性不明显主要表现为大学生的心理素质无法满足创业的需求，一直以来大学生较为脆弱的心理素质都是高等教育的重难点，心理素质较差导致部分大学生虽然走上创业之路，但是很快就因无法面对创业中的各种困难而迅速放弃。

三是创业能力不强。创业不是简单地提出创业构思然后将之落实，而是涉及资金筹集、团队的构建、人员的管理，这些都对大学生有着极高的要求。而应试教育下的大学生综合能力却明显无法满足这一要求，例如大学生的专业能力是能够保证的，但是其管理能力、社交能力却无法保证。

四是创业常识缺乏。现阶段，高校开设的创业教育课程并没有纳入学生的日常课程之中，而是以讲座形式开展，大学生自愿选择参加创业教育课程。由此可见，大学生对于创业相关知识的了解基本上停留在表面，对创业的相关要素掌握不清晰，这在一定程度上给大学生创业增加了难度。

二、政府扶持政策方面的原因

1. 政府政策扶持还不到位

随着大学生就业压力不断增大，政府近年来不断地加大大学生自主创业的优惠政策，逐步形成了一个完善的创业政策体系，但是仔细分析国内创业政策，可以发现政府扶持政策仍旧存在一定的缺位，没有涵盖大学生创业的方方面面。主要表现在以下两个方面：一方面由于近年来大学生创业逐渐兴起，因此很多创业政策仍旧处于试行状态，无法全面推广，因此从政策内容上来看大学生创业能够享受的优惠政策极多，但事实上这些政策只能够在部分创业项目中进行试行，大多数创业项目无法享受；另一方面政府对于创业政策的宣传较为滞后，很多大学生由于对创业政策不够了解，在创业时不能够申请相应的政策优惠，归根结底就是政府没有对政策进行有效宣传，导致大学生一知半解。

2. 资本市场等仍欠成熟

良好的经济制度环境是社会经济环境成熟的主要标志之一，也是增强大学生创业信心和决心的重要因素。目前，中国经济的市场化程度超过60%，这意味着中国初步建立了社会主义市场经济体制，已经成为一个市场经济国家。生产资料市场已经建立起来，市场体系基本形成。特别是加入WTO后，市场竞争日益国际化，中国政府的行政管理趋于透明，法律更加健全，竞争环境更加宽松和公平，它降低了创业的门槛，从而提供了更好的经济环境。然而，与商业人士的需求和发达国家的创业经济环境相比，大学生的需求存在着特别大的差距。例如，美国是世界上风险资本最发达的国家之一，拥有成熟的资本市场、充足的风险资本和发达的信息服务产业。然而，中国的资本市场还不成熟，风险资本不足，融资困难使许多试图创业的大学生望而却步。在一些发达国家，如美国，大学生创业的比例高达20%，而在中国，这一比例为1%，大学生创业者还没有成为中国现有创业大军的主体。

3. 自主创业的文化氛围仍欠和谐

中国政府通过政策和措施引导自主创业的道路，却忽视了自主创业氛围对大学生的影响。大学生文化环境是指大学生创业的文化氛围，包括社会舆论、时尚、传统、精神面貌、心理状态和科技道德等。它相对稳定，是创业环境中最重要的因素。在中国传统思想中，"学而优则仕""不务正业、唯利是图"的观念影响了人们对创业的正确评价，忽视甚至压制了人的个性发展，导致了个人的缺失。这已成为大学生创业的一个障碍，导致缺乏创新和冒险精神。但是，随着思想解放运动的发展，特别是对外开放和社会主义市场经济的发展，大学生的工作环境逐步改善。然而，当前大学生在创业过程中会受到一些失败氛围中的不明确注解的阻碍，如对失败的恐惧、传统文化中创新意识的缺失等。而改善就业统计和重在就业的大学的创业态度，强调这些学生的自主创业的文化还不协调。

三、大学生自身的原因

1. 创业能力不足

大学生自身创业能力不足是导致大学生在创业中面临着诸多障碍的一个主要因素，正如前文所言，自主创业是一个横跨多个学科领域的课程，而我国一直以来的教育体系则以学生专业知识的掌握为主，忽视了学生其他方面素养的培育，这种情况下大学生难以适应创业也在所难免。

在我国，素质教育的概念已经提出多年，但是真正的素质教育体系至今没有建立起来，从小学开始素质教育就成为空谈。理论上来说，中小学是培养学生创新意识的关键阶段，但是由于当前我国中小学教育以应试教育为主，造成学生的创新意识被抹杀，而到了大学生阶段再次培养心智已经成熟的学生的创新意识又谈何容易。杨振宁教授对我国教育曾进行过这样的评价：中国教育界几十年来形成了一种死读书的习惯，其最终的结果是培养出了大量非常努力、知识非常扎实但知识面较窄的学生。这句评价很好地道出了我国当前教育的现状,即教育活动过于重视学生对专业知识的掌握,却忽略了学生的全面发展,文科生不了解理科知识,理科生缺少最基本的文学素养并不罕见。从创业的角度来看,这种教育模式直接导致了大学生创业能力不足,很多大学生空有创业意识,但是在实践中却发现自己能够应用于创业的知识少之又少,这种情况下大学生的创业信心自然会遭受打击,创业的热情也会消失。

2. 创新精神不强

创业精神是大学生走上创业之路必须具备的一种素质,从当前我国大学生的就业观可以看出大学生的创业精神并不是很强。例如很多大学生将国有企业、事业单位、公务员作为就业的根本目标,这就意味大学生缺少创新精神,追求稳定的工作。当绝大部分大学生追求"铁饭碗"时,整个社会的创业氛围可想而知,而创业氛围不够浓厚又反过来阻碍大学生创业精神的形成,从而形成了一种恶性循环。关于大学生创业精神的培育在本书第三章有详细的论述,在此就不再赘言。

3. 缺乏创业意识

麦可思中国2020的调查显示,认为自主创业者的创业理想是其最重要的动力,所占比例在41%~48%之间,而认为找不到工作才创业,所占比例在12%~15%之间,所以高校可以加强自主创业意识的培养。大学毕业生缺乏创业意识，主要是以下原因造成的。第一，大学生缺乏正确的择业观。很多大学毕业生缺乏找工作动力，过分依赖自己的家庭，"等、靠、要"现象严重，只要能够找到一份安稳的工作即可。第二，大学生就业心理准备不足。由于当代大学生独生子女较多，缺乏历练，对社会上的一些问题认识不到位，往往处于理想化状态。在择业时，一旦理想与现实出现较大差距，就会承受不了打击，情绪低落。另外，一部分人没有紧迫感，对人才市场的激烈竞争缺乏足够的思想准备，问题出现时便丧失信心。

第三节 完善我国高校创新创业教育模式的对策

一、提升大学生自身创业综合素质

作为创业的主体，大学生创业成败的关键在于自身，自身综合素质的高低对创业活动有着直接的影响。如果大学生不具备相应的创业素质，那么无论政府和社会提供再多的帮助都无法改变创业的结果。因此，采取有效措施提升大学生自身创业综合素质是推动大学生创业发展的首要举措。

1. 改善大学生创业心理素质

心理素质差是大学生存在的一个重要问题，创业充满着艰辛与挑战，抗压能力差、受挫能力差等问题会使得大学生直接选择放弃创业。本书认为，提高大学生创业心理素质，大学生应做到以下三点。

提高自我认知能力。提高自我认知能力指的就是大学生在创业时要认清自我和社会现实，作为天之骄子的大学生刚走出大学校门时总是意气风发，充满着自信，自信固然是好事，但是盲目的自信往往会变成自大。因此，大学生要正确认识自己的优势和劣势，扬长避短地进行创业。同时，大学生由于初入社会，对社会的了解不足，这种情况下就要谦虚地向社会人员请教，制定一些小目标来实践，逐步融入社会中。相反，那些以自我为中心的大学生是很难取得创业上的成功的。

提高胆识和魄力。胆识和魄力是创业的一个重要因素，很多创业成功案例的关键就在于抓住机遇，而犹豫不决的人则往往会看着机遇从手中溜走，由此可见胆识和魄力对于创业的重要意义。当然，提高创业者的胆识和魄力并不意味创业者盲目地对创业活动进行判断，这种判断是建立在科学分析的基础之上的。一般来说，在创业的初期，由于缺少实践经验，创业者可以积极听取亲朋好友和团队成员的建议，形成自己的创业观，在创业的后期创业者就要自主做出决策，权衡风险与利益，抓住每一个发展壮大的机遇是创业成功所必需的。

保持身心健康。身心健康指的是心理稳定和身体健康，创业并不是一帆风顺的，相反失败是创业中最为常见的，这种情况下就需要创业者保持稳定的心理，平淡地面对一切失败，寻找问题的原因，渡过创业难关。很多大学生刚踏入社会时都是心高气傲的，这个时候就要学会低头面对失败，接受失败，从失败中寻找成功的道路。此外，身体是革命的本钱，无论是新产品的开发还是营销都需要创业者投入大量的精力，因此没有很好的身体是很难坚持下来的，创业者要重视自身的身体素质，避免因健康问题影响企业的发展。

2. 提高大学生创业技能素质

随着高校的不断扩招，大学生已不再是社会紧缺的人才，毕业生所面临的就业形势也越来越严峻。这种情况下大学生应当主动打破传统就业观念，在创业中实现自我价值。对此大学生在校期间就应当有意识地培养自身的创业技能和素质，主动地接触创业教育。对此大学生应当努力做到以下几点。

（1）提高科学规划能力。创业不是说拥有好的项目就能够成功的，关系创业成败的因素众多，因此在创业过程中提前做好计划能够更好地指导创业活动。大学生要在日常生活学习中有意识地提高自身的规划能力，在创业之初就编制创业计划书，将创业活动的各个要素都纳入其中进行考虑，例如如何融资、如何营销、失败的风险有多大等。详细的创业规划能够使得大学生创业事半功倍。

（2）提高管理能力。从提高队伍管理能力、信息管理能力、目标管理能力等方面入手，首先考虑到管理的不断发展和市场的变化，要根据特色队伍的实际情况，建立各种有效的管理制度，如人员管理、培训、绩效考核等。完善相应的制度。只有这样，企业家和他们的团队才能立于不败之地，掌握发展的主动权。其次，企业家们每天都能通过不同的渠道获得广泛的信息。有效的信息过滤方法需要长期实践。对于大学生创业者来说，由于他们缺少的社会经验，在接触到各种信息时，难免会做出稍有偏差的选择。因此，当信息无法获得时，他们可以随时咨询、识别、观察和请教他人，随时提高自己的信息管理能力。创业必须有明确的目标。在创业的不同阶段，需要制定明确的目标并进行详细分类。为了实现长期发展，团队必须有长期的发展目标，这些目标可以分为不同的小目标，而这些目标又可以由不同的参与者参与。因此，作为有进取心的领导者，我们需要协调和管理不同的目标。

（3）提高人际交往能力。在创业中人际交往是必不可少的，良好的人际交往能力能够让创业者少走很多弯路，例如在融资时良好的人际交往能力能够获得投资方更多的资金支持，在产品销售时，人际交往能力能够让产品更好地被消费者接受。因此，大学生创业者必须提高自己的人际交往能力，这就需要大学生有针对性地提高自己的语言表达能力、心理分析能力和人文素养。

（4）提高处理突发事件能力。在创业中常常会出现一些预料之外的事情，这些事情有好有坏，好的如那些发展机遇，坏的则如产品质量问题，但是无论好坏，创业者都需要具备一定的应对突发事件的能力。大学生在创业中若具备完美解决突发事件能力，对树立企业形象，促使创业成功有着很大帮助。

（5）提高学习能力。妥善处理突发事件，会增加顾客认同感，也会使自己的形象深入人心，从而带来良好口碑。现代社会要想取得成功，必须具备持续的学习能力。市场和行业的竞争日益激烈，若想力争上游，那就必须比竞争对手更快地掌握更多的知识，通过不断的学习使自己处于不败之地。因此，大学生创业者需要不断学习各方面知识，将理论与实践相结合，全面提升自身的综合创业素养。

二、转变传统就业观念，改善创业环境

1. 加强宣传与引导，营造良好创业文化氛围

培养创业的总体素质是多方面的，创业精神和创业理念的形成是一个长期的过程。一个好的精神传承首先需要精心建立和培养，

但更重要的是把这种精神变成一种文化，让它得到继承和发扬。营造创业文化氛围，需要家庭、学校和社会的共同努力，相互配合，这就需要高校将创业理念深深扎根于大学生心中。因此，高校需要加强创业宣传，加强对成功案例的报道，激发大学生的创业激情，同时也要改变父母传统的就业观念，理解父母亲，拥抱创业，提供物质支持和精神鼓励，进而缓解大学生创业面临的各种阻力。此外，高校也要积极利用电视、网络等媒体，宣传创业政策和创业典型案例，营造支持创新、鼓励创业的社会环境，引导大学生树立正确的创业与就业观念。

关于创业文化氛围的建立，可以采取以下措施。

（1）营造良好的校园创业文化，培养大学生的创新意识。校园文化作为大学生学习和生活的主要文化氛围，对大学生产生潜移默化的影响。因此，创建创业文化并不意味着要从整个社会文化氛围入手，而是要从校园文化这一地域文化氛围入手，转变大学生的创业文化观念。多年的应试教育使大学生的创新创业意识十分薄弱。因此，高校教师应改变传统的人才培养模式，鼓励大学生创新，开展多种形式的创新活动，形成良好的创新氛围，为未来企业文化的形成奠定基础。

（2）灵活运用各种手段传播创业理论。大多数学生对创业知之甚少。高校应利用传统媒体和新媒体传播创业理论，帮助大学生形成系统的创业思维体系。例如，通过广播、校报、黑板报等方式宣传成功的创业案例，激发大学生对创业的渴望。然后利用微信、微博等新媒体平台为大学生了解创业提供即时服务。

（3）开展各种创业活动，可以提高大学生创业的实践能力。最常见的是模拟创业竞赛、商业计划竞赛、创业讲座。每周都有不同的创业活动，让大学生在参与活动的过程中自然地萌发创业意识。

（4）宣传典型的成功创业案例。在大学生中，选择有代表性的成功创业者的例子，把重点放在宣传和学习上，让学生觉得创业离他们不远，创业离他们很近。通过对成功创业者的认识和学习，激发大学生的创业动机，使被动创业成为主动创业，激发大学生的主观能动性，积极参与创业。

2.鼓励大学生到农村创业

人才的匮乏已经成为新农村建设的最大瓶颈。许多先进农村地区的经验表明，凡是能够尽快致富的乡村，都是因为以各种方法和途径引进了人才。当人才资源与农村社会经济的各种资源有机结合起来，就会形成农村迅速发展的有利条件。因此，地方政府需要采取有效措施，鼓励、引导、支持大学毕业生到农村创业，为新农村建设服务。

引导大学生树立正确的成才观和就业观。高校引导大学生树立正确的世界观、人生观、价值观，自觉把个人理想同社会需要结合起来，是促进大学生农村创业的关键。从我国国情来看，每年毕业的大学生都留守城里，进入企事业单位，是不现实的，也是不可能的。大学毕业生可以到广阔的农村寻找自己的生存空间。当然，大学生到农村创业的意义绝不局限于解决就业的问题，更重要的是把到农村就业视为创业的开始，脚踏实地地投入到新农村建设中，较快地适应环境，积累经验，增长才干，为在今后激烈的竞争中占据优势打下坚实的基础。高校必须明确，新农村建设不只是政府的事也不只是农民的事，而是包括大学生在内中国所有公民的事，大学生到农村创业，可以利用自己的智力优势，为提高农村地区的科技文化水平，推动农村生产力的进步，进而实现全社会的和谐发展贡献自己的一分力量，这也是时代赋予大学生的使命。

政府需要推进大学生村官制度与农村创业相结合。创业，是大学生村官深入农村的"通行证"，通过创业，大学生才能真正了解农村的管理，成为名副其实的"村官"。大学生到农村创业项目大多是村民没尝试过的新点子，往往是一个项目拉动一群村民创业。让大学生村官成为农村产业结构调整中的中坚力量是一个互利共赢的好方法。在产业转移过程中，大学生创业有大量的中间环节、过渡环节，有大量的机会。面对现在严峻的就业形势，很多高校毕业生陷入迷茫，而政府与高校鼓励大学生们到基层就业，以创业带动就业，以创业带动农村经济的发展，这是各地都应大力提倡的措施。根据《关于引导和鼓励高校毕业生到农村和社区工作的实施意见法》，各地政府要鼓励大学生村官们积极自主创业，以创业带动就业，还要推出包括小额贷款在内的优惠政策，为大学生村官创业解决资金问题，这样也可以让大学生脱离第一产业的简单劳动，从事加工、营销等环节的开拓，避免发生与农民的"争地"矛盾。

实现大学生农村创业与乡镇企业招商引资相结合。乡镇企业作为社会主义市场经济非常活跃的因素，它的兴起和发展壮大，对于实现农业由传统农业向现代农业、由粗放经营向集约经营转变，进而实现农村现代化，都具有重要意义。为此。地方政府必须按照发展社会主义市场经济的要求，以增加农民收入为重点，探索出一条新的发展道路。然而，随着经济的迅速发展，一些乡镇企业走向了强大，一些乡镇企业由于经营保守，生产粗放导致效益低下，甚至连年亏损。大学生与乡镇企业的结合可以为企业的发展提供新的动力，大学生有知识、有激情、懂管理，可以弥补乡镇企业的先天不足。大学生创业者要利用大公司落户乡村的有利条件，选择"公司+农户"的组织形式创业，种苗、饲料、技术、销售等都由公司提供，他们只需加盟生产环节就行。这种组织形式解决了创业者面临的三道难题，即资金、技术和销售问题，快速挣得他们将来自主创业的第一桶金。也有一部分实力强大些的农民创业者可以聘请大学生一起选择个体工商户和有限公司的组织形式创业，各取所需，取长补短。

高校鼓励大学生利用已有的知识技能开发农村创业新领域。农业是集生产、生活、生态等多种功能的产业，具有原料供给、就业增收、生态保护、观光休闲、文化传承等功能。农业的多功能性使农业具有前所未有的发展空间，这也为大学生农村创业提供了诸多选择的途径。从事特色种植、养殖业的大学生创业者，可以采用"农户+院校（大学生的母校）+协会"或"农户+院校（大学生的母校）+合作社"的组织形式。大学生农村创业具有充分利用大学的科研成果，迅速实现科研与实践相结合转化为现实生产力的优势。这种创业组织形式，易于形成规模效应，集聚经济效应，便于经验交流、技术指导、资源共享，尤其是便于产品销售。例如，河南科技学院紧紧围绕新农村建设搞科研，走出了一条科技富民之路，预防兽医学、农产品加工及贮藏工程、农业昆虫与害虫防治等学科是河南科技学院的优势和特色专业。近年来，学院相关学科专家积极开展科普活动，先后在河南省的30多个乡镇建立了科普示范点工程，形成了"一村一品""一乡一色"的特色农业生产模式。

三、完善创业教育体系，创建创业实践基地

创业教育是培养大学生创业意识、创业技能、创业综合能力的直接途径。为加强学生创业教育，全方位、多角度地启发大学生创业思维，培养有较高水平的创业综合素质的人才，可以从以下几点进行改革。

1. 打造特色创业教育课程体系

中国高等教育学家潘懋元教授说："我国高等教育软肋在于创新意识、实践能力和创业精神与技能，因此高校内部改革必须基于课堂教学和教学方法。"目前创业者教育不是强制性的，而是为有意愿和需求的学生服务，因此高校在加强专业知识教育的同时，应加强创业相关管理、投资、法律等课程的设置，使大学生在强化专业知识的同时，提高综合创业素质。在课程设置上，应加强学生的专业知识。将理论水平与实践过程相结合的成果纳入学分制，强调创业的重要性。教学采用开放创新的教学方法，能引起学生的注意，激发他们的积极性。在教学过程中，注重个性化培养，培养学生的自主思维能力，使学生掌握创业实践的主动权。

2. 创办具有特色的实践基地

不同的专业都有一定的专业特色与专业优势。在创业理论知识教学的基础上，高校可以建立具有专业特色的实践基地，为学生提供一个"创业实验室"。学生可以了解基本的创业课程，提高专业实践技能和营销能力。打破传统的课堂教学，为学生提供创业实践的机会和平台，在校园内营造良好的创业环境。例如，上海中医药大学与"相宜本草"合作，建立了"上海中医药大学相宜本草美容实验基地"，负责皮肤工程产品和化妆品的研发，不仅为大学生提供实践基地，同时，它为大学生提供了一个很好的机会，让他们更好地了解产品的研究和开发以及公司的运作。

3. 建立专兼结合创业教育师资队伍

创业教师和兼职教师建立了一个完善的创业教育体系。专业理论教师向学生传递专业理论家的知识，然而在创新创业教育中仅依靠理论课程，不利于大学生创新意识的培养。因此，高校需要加强实践课程的开设。高校可以聘请一些优秀企业家，以及成功创业者担任创业实践课程导师，指导学生将理论知识在实践中进行有效运用。关于高校创业教育师资队伍建设，高校可以借鉴美国创业教师队伍建设模式，例如，顶级商学院经常邀请经验丰富的企业家、风险投资家、优秀企业家和商业领袖授课，教师积极鼓励和引导学生通过个人经验正确处理创业问题。

四、完善创业政策，健全创业支持体系

政府作为促进大学生创业的有力推动者和倡导者，有必要为大学生提供足够的创业辅助，在鼓励大学生创业时应考虑创业条件、创业环境以及创业的保障体系等方面。创建创业支持体系，进行优化创业政策，加大扶持力度；拓宽融资渠道，加强监管力度，完善社会保障制度等措施，来为大学生创业提供良好的条件。

1. 构建以政府部门扶持为支撑的政府创业支持体系

政府部门在大学生自主创业中发挥着重要的引导协调作用。针对当前大学生创业初期启动资金不足的实际困难，各级政府部门要发挥好政策引导作用，千方百计地为大学生创业提供必要的帮助和扶持。

一是可以设立大学生创业专项经费，建立有利于大学生创业的一站式创业孵化服务中心，为大学生创业提供包括政策、资金、信息、技术、人才等在内的全方位服务，同时对处于创业初期的大学生在场地、设施、水电费等方面给予减免，并对具有一定科技含量的创业项目给予创业补助，对经济社会效益突出的成长型良好的项目协调银行等金融机构办理贴息贷款。

二是设立大学生创业风险管理基金，鼓励民间资本积极参与到大学生创业发展中，对大学生的创业项目发展前景，可以组织第三方评估机构进行客观公正的评估，并将发展前景较好的创业项目纳入大学生创业管理基金扶持范围。

三是要发挥政策引导宣传作用，加大对大学生开展自主创业重要性的宣传教育，引导全社会正确认识大学生创业，采取实际行动加入到关注、关心大学生创业的热潮中来。各级政府部门要制定切实有效的政策，加大对大学生创业的扶持力度，降低创业成本，激发大学生的创业热情，积极做好对有创业意愿和培训需求的大学生创业培训教育，针对不同的创业项目，逐一制定个性化扶持方案，提高创业成功率。

2. 开拓创业融资新渠道，降低大学生创业条件

一方面，努力追求创业融资新方法。就目前地方政府对大学生资金补助扶持而言，部分地区在下放问题上仍然存在不足，如融资金额条件规定不明确、手续下发没有统一规范的标准。虽然政策因地制宜，但没有总纲规范让执行方案和方法大打折扣，而且对于贫困地区大学生也很少有地区设有专门的组织机构，由此引发了地区经济两极化愈演愈烈。所以建议中央财政和地方银行出资设立贫困基金补助，如设立创业基金，发放创业贷款。这样便于贫困地区大学生创业从而脱贫致富，对贫困地区经济的发展也起着积极的促进作用。

另一方面，降低大学生创业资金门槛。大学生创业资金门槛高，是制约创业借贷的最大阻碍，如果降低门槛必须做到以下几方面。第一，降低大学生创业者资金借贷条件，简化大学生创业者资金借贷程序和审批手续。第二，企业所得税、营业税与企业营业额密切相关，而大部分地区是对这两税进行优惠，但个人所得税、城建税等没有得到减免。这对于创业初期的大学生是一项沉重的负担，制衡了企业初期发展速度。所以将行政事业性收费列入优惠范围无疑是对大学生初期创业的最大鼓励与支持。第三，对于优秀的

大学生创业者，政府给予奖励性补贴，每年评选出优秀的创业企业、创业者，树立起榜样，进而带领更多的有志青年走上创业之路。第四，对以知识成果出资的限制进行修改，政府要加强知识产权的保护，开办创业园区、政策场地资金支持，进行广泛校园宣传，为大学生自主创业奠定良好的政策基础。

第六章

大学生创新创业能力提升策略

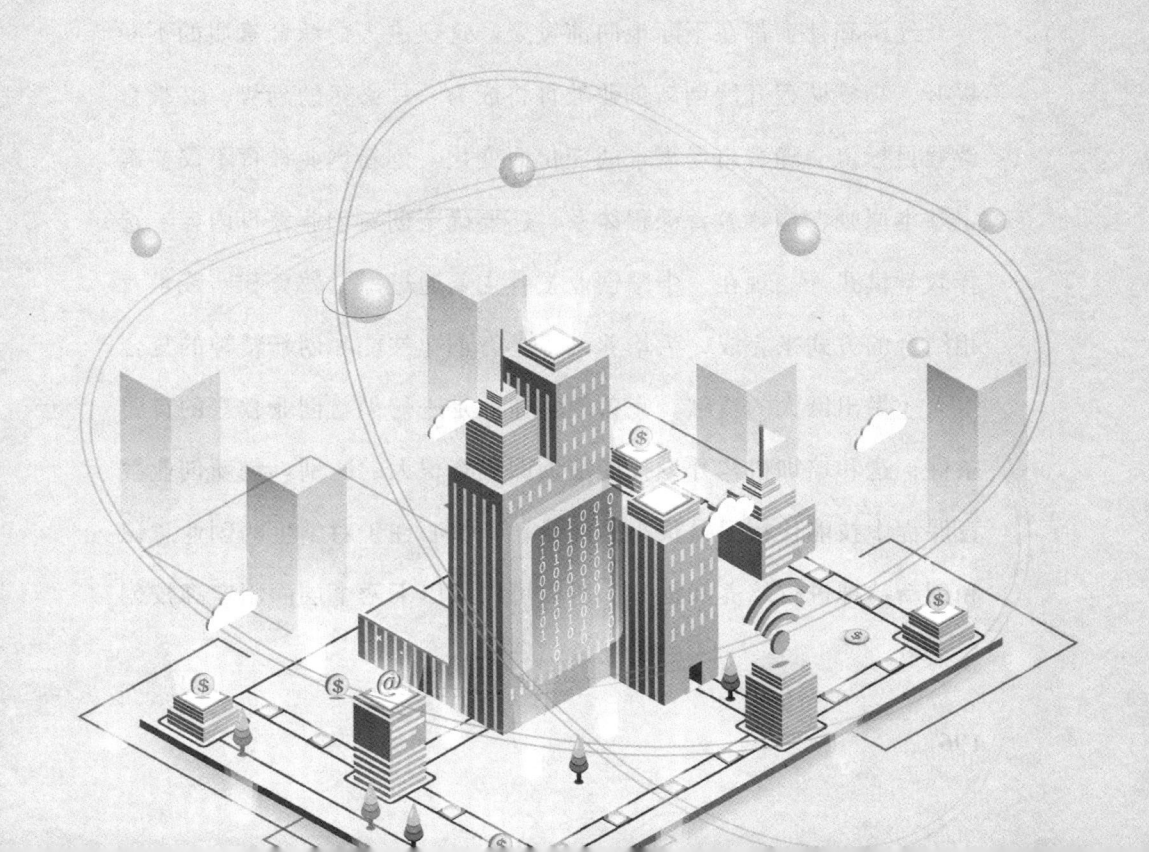

第一节 完善大学生创新创业教育课程体系

一、设置创新创业教育课程的主要目标

经济和社会都在不断地向前发展,这促进人们综合素质的不断提升,高校课程开展创新创业教育将成为一种必然的趋势,其教育课程目标也会随着市场需求的变化而变化。创新创业教育不仅要确定基本原则,构建教育课程体系,还要确定创新创业教育内容、选择教学模式等。现在,中国创业教育主要通过课堂教育和实践教育相结合的方式来完成,为培养大量具有创业技能和创新精神的复合型人才做出巨大的贡献。完善教学体系是进行创新创业教育的首要条件,这和培训机构开设技能培训课程有很大的区别。创新创业教育课程中技能传授只是很小的部分,其核心在于对学生的创业意识和创新精神进行培养和提升,所以可以从以下两个层面制定高校创

新创业教育目标。

首先，强化创业意识。高校需要将创业技能以及创业知识作为创新创业教育目标，这样学生在经过创新创业教育后能够更好地认识到创新创业的重要性，有利于提高学生的创新意识和创业能力，帮助学生正确认识中国目前的就业形势。创业素质教育能够鼓励更多的学生进行自主创业，既能解决自己的就业问题，还能提供大量的工作岗位，缓解目前国内严峻的就业形势。因此，学生只有具有强烈的创新精神，才能有效地把握住创业机遇，为以后的创业打好基础。综合来说，创新创业教育目标是培养学生的创新意识和创业精神，为学生以后的创业活动提供条件和营造氛围，让学生在创业中体会到满足感和成就感，这对学生创业观念的改变也是非常有意义的，如促进学生自主创业，提高创业成功率。改革开放为国内大学生提供大量机会和机遇，学生应该积极主动地提高自身能力，增强自身创业技能，积极进行自主创业，为实现国家富强和体现自身价值而努力奋斗。创新创业教育也有利于创业氛围的营造，让学生具备一定的创业紧迫感和成就感，进而转变就业观念，强化创业意识，抓住机遇提升自己的创业成功率。

其次，开展一些专门的培训活动，为有创业想法和创新潜能的学生提供帮助，培训他们勤学苦练的意志，给予他们创业技能培训，激发他们的创业勇气，从创业技能和创业意识两个方面来激发学生自主创业的意识。对学生规划能力、抽象思维能力、管理创新能力以及应变能力等的培养是创新创业教育的主要内容,团队合作精神、沟通技能提升也是创新创业教育必不可少的内容。因此,创业教育目标需要经过长期的、艰苦的奋斗和努力才能达成,而所有目标的实现都离不开实践,任何问题的发现和解决都是在实践中体现的。

1. 创新创业教育的共性目标解读

创业基本素质的培养是中国所有学校创新创业教育的共性目标。国内所有高校创新创业教育的共同目标是提高学生创业基本素质。创业基本素质主要由两个方面的含义组成:①先天影响因素,即人们常说的创业天赋,这是创业成功的基础和前提,是来自遗传的因素;②创业社会环境,它是创业能否成功的后天影响因素。这两个因素在一定程度上具有比较稳定的特点。创新创业教育的共性目标可从以下几个方面来认识。

(1)创业意识。在整个创业过程中,创业意识的作用是非常显著的,可以体现出创业者的社会属性。它是创业者在创业活动中心理素质的体现。它的作用主要体现在创业初期。其中,创业的基本动机、准确分析创业行业、创业企业家或者管理者素质培养以及把握创业机遇等都是创业意识的主要组成内容。

(2)创业知识。广义的创业知识是指对创业实践过程具有意义的个体的知识系统及其结构,主要包括专业知识、经营管理知识、综合性知识等。只有系统地掌握了有关学科的基本理论和技能，才能为今后创业打下坚实的基础。狭义的创业知识是指有关创业过程、步骤、方式等本身所运用到的具体知识。比如大学生创业时机的选择、创业机遇的寻找、怎样编写创业计划书、如何开办小型企业、如何进行工商注册、如何向银行贷款等。创业知识能够体现创业者的文化素质，文化素质越高，创业成功的概率越高。

（3）创业能力。创业能力不等同于创业意识，创业能力多受后天因素影响，具体指创业者从学习和实践中获得的，对创业活动成功率形成直接影响的不同因素的总称。创业能力是创业者进行创业活动的必备条件。创业能力的内容主要包括创业者的领导和人际交往能力、创业者把握市场商机的能力、创业者的团队合作能力以及决策能力等。

（4）创业品质。创业品质是创业者在创业活动中所表现出来的个人道德品质。创业活动要获得成功并取得可持续发展，就必然要求创业者具备一定的创业品质，这样才能让创业活动符合国家法律法规要求，不会在创业过程中出现违法乱纪行为，这是创业实践顺利进行的必要基础。一般来说，创业者社会道德认知、社会责任感、自我情绪控制能力以及思维行为模式等都是创业品质的表现。

2. 创新创业教育的个性目标解读

创业活动开展是建立在创新创业教育共性目标基础上的，创业活动顺利开展离不开系统的创新创业教育，特别是开创性教育对创业的成功有非常大的影响。高校的开创性教育必然需要先建立个性化的创业教育目标。创新创业教育的本质就是创造性教育，它也是高校创新创业教育个性化目标的体现。简言之，培养和提高创业者的创业技能和创业知识，充分利用社会环境的影响，使创业者具备一定的创业格局，也是高校创新创业教育的个性化目标。开创性教育的主要内容有以下几个方面。

（1）要有敏锐的洞察力和决策力。创业前瞻性是一个成功的创业者所必备的条件，有利于创业者准确地预测市场变化，把握市场商机和发展机遇，具有一定的市场竞争力。在做出创业决策的过程中，创业者需要具备一定的自主性，并具有决策能力，在强烈的创业意识推动下，合理地对自己的创业能力进行分析和判断。

（2）要有冒险精神和竞争意识。创业者在创业过程中需要具备一定的冒险精神，这样才能及时地抓住市场发展机遇，勇于尝试和实践，不怕失败和挫折。创业者要理性地看待市场竞争，面对市场竞争要奋起直上，不退缩，不害怕，敢于和竞争对手一争高下。

（3）要有坚强意志和创新能力。创业过程是一个长期的、艰辛的过程，中途难免会遇到挫折、困难，特别是在创业初期和创业瓶颈时期。这需要创业者具有坚强的意志力，不怕困难，迎难而上，排除万难，妥善处理问题。创业过程本身就是一种创造性的活动，打破常规是其最主要的特征,因此创业者的创新能力也是必不可少的。

(4)要适应市场的变化,加强沟通。创业者面临着瞬息万变的市场环境,要做好面对政策制度、地理位置以及虚拟环境随时变化的准备。因此,创业者应具备一定的市场应变能力。创业者领导能力是创业成功的重要影响因素,要对全局进行把握,特别是在创业环境产生变化时,更需要有冷静应对的能力,吸取各方面的建议和长处,及时做出科学合理的决策,而在这个过程中,交流沟通能力也是创业活动能够顺利进行的重要影响因素,良好的沟通交流能最大限度地激发团队力量,为创业成功创造有利的生存环境。

二、完善创新创业教育课程体系构建策略

创新创业教育是一项实践性很强的教育。高校的创业教育离不开课堂,同时,创业教育与普通的教育又有较大的区别,如何设置高校创业教育的课程也成了不少专家学者探讨的话题。目前,对高校创业教育课程体系的设置有三种思路:①按照授课内容的不同分为实践性课程和理论性课程;②按照课程表现形式不同分为隐性课程和显性课程;③按照授课形式不同划分为学科课程、环境课程、活动课程和创业课程。本小节依据高校创新创业教育的共性目标和个性目标,对高校创新创业教育课程进行体系设置。

1. 设置创新创业教育基础学科课程

创新创业教育基础学科课程是为奠定创业者开展创业活动基础而设置的，旨在为创业者构建创业基本理论体系，使其认识创业是什么，创业所需要准备的知识和技能储备有哪些。基于此，本节从创新创业教育基本理论、创新创业教育专业理论和创新创业教育辅助课程三个方面设置。

（1）设置创新创业教育基本理论课程

创新创业教育基本理论课程设置的目的是为了培养学生的创新意识和创造才能，提升学生的全面素质，将专业知识学习与人文、金融知识相结合，促进跨学科教育的发展，培养学生的综合能力。具体的课程包含创业学概论、创业基础理论、创业辅导等。

创业学概论是创业教育的基础，主要目的在于让准备创业的学生认识创业，并让学生了解创业活动需要进行的准备工作，创业活动的步骤及创业活动中所要运用的知识有哪些，创业学概论是一门创业教育的入门课程。

创业基础理论是在创业学概论的基础上进一步介绍创业相关知识的课程，通过创业基础理论的课程让创业者认识其应具备的创业素质和基本能力有哪些，介绍国内外成功创业者的案例，以激发创业者的热情，并使其从中了解创业企业的成长和发展历程。

创业辅导是指在介绍创业基本知识基础上，进一步阐述创业活动现实意义以及创业活动的未来发展，并适当讲解创业活动中行为、思维方式。在创业活动过程中了解市场，充分利用各种资源，合理处理各种人际关系与发展问题。

（2）设置创新创业教育专业理论课程

创新创业教育专业理论课程设置旨在详细为创业学生讲解创业过程中所需要的各科知识，主要包含创业法律基础、创业案例研究、管理学、市场营销学。

创业法律基础是开展创业教育的基础课程，其目的是为创业学生介绍中国的法律环境，与创业过程有关的法律法规都应纳入该门课程中，具体可包含公司法、行政法、知识产权保护法、劳动法、环境保护法、合同法等。该课程的学习可以使创业学生知法、懂法、守法，在法律范围内开展创业活动，做到自己不犯法，懂得用法律保护自己。

创业案例研究是让创业者了解真实案例，并通过对成功和失败的创业案例进行分析，找到成功或失败的关键环节，为自己在创业实践活动中吸取宝贵经验，并能够从失败案例中吸取教训，避免重蹈覆辙。

管理学是企业管理的基础性课程，创业者必须了解管理学。该课程的学习可以使创业者在创业活动中学会计划、组织、管理、决策等管理中常规性的过程和步骤，学会对市场做出正确的评价和选择，提高把握市场机遇的能力，最终实现最小成本投入获得最大利润的目标。

市场营销学是一门介绍市场基本规律和特点的课程，通过该课程学习，创业学生可以对市场这一概念有深入的认识，为其在创业活动中把握市场机遇奠定基础。市场营销学主要介绍市场环境和消费者市场行为及如何进行市场分析，选择合理的营销策略，对市场营销活动的基本程序和方式方法有详细的了解和认识，使创业学生在创业活动中可正确运用市场营销手段，获得市场份额。

（3）设置创新创业教育辅助课程

创新创业教育辅助课程是为进一步提升创业学生的创业活动质量而设立的。创业教育辅助课程体系是一类由多学科构成的课程体系，应根据不同创业学生特点来设立，应充分考虑创业学生的学科背景、知识基础、兴趣爱好等特征来开设，应尽可能地满足不同的需求。创业教育辅助课程体系还应将重点放在激发有创业意愿学生的创业兴趣、培养企业家精神、注重创造性思维的培养、开阔学生视野等方面。

同时，在建设创业教育辅助课程体系时，可以结合学校的师资力量，充分合理地运用现有的师资资源。由于中国创业教育专业教师师资严重不足，高校可以在现有师资基础上适当地培训创业教育专业教师。例如，外语教师可充分利用他们的语言优势，给学生传授国外先进的创业教育理论及优秀的成功案例，管理学教师则可以为学生们讲解企业家精神、各地管理基本理论等相关知识。创业教育辅助课程体系在全校内以选修课的形式开展，创业学生可以根据自己的爱好选择不同的课程来学习，以期达到提高创业教育质量的目的。

2. 设置创新创业教育活动课程

创新创业教育本身是一门实践性很强的课程，因此开设创业活动课程在创业教育课程改革中显得尤为重要。创新创业教育过程旨在使创业学生通过具体的实践，了解创业活动的一般过程，找到自己对具体创业活动的兴趣方向，将自己的知识、信息、技能和资源应用于实际的创业活动中，在创业过程中了解和掌握业务活动的基本细节，为实际业务活动打下坚实的基础。创新创业教育的活动课程可以从以下四个方面来衡量。

（1）创新创业教育集体活动课程。创业教育集体活动课具有普遍特征。活动课程应根据学校整体创业教育目标，面向学校全体创业学生设置，旨在实现对创业活动和企业实际运作过程和目的的全面理解。其形式可以采取报告会或讲座的形式，学校在规定的时间内邀请创业教育专家或成功创业者与创业学生面对面交流，使创业学生获得创业经验，对创业学生创业精神的培养和创业素质的提高有一定的作用。

（2）创新创业教育专题活动课程。创新创业教育专题活动课程是以创业教育集体活动课程为基础，针对创业活动的某一环节专门开展的创业教育实践活动。创业教育专业活动课程选择的专业环节一般是创业活动的重要环节，如营销环节、决策环节等。当然，也可以根据创业学生要求，选择他们感兴趣的某个环节或他们认为很难的东西。创业者教育活动通常以商业计划书竞赛的形式组织起来，培养学生的团队意识和竞争意识。创新创业教育常见的专业课有模拟营销大赛、参观企业了解企业文化和企业运营流程等。

（3）创新创业教育项目活动课程。创新创业教育项目活动课程有大学生创新训练计划、卓越工程训练计划、大学生主体创新区训练内容以及各个学院科协举办的各项创新实践活动等，其开展形式一般以学院为单位，以项目式方式进行学习，允许不同学院不同年级同学组队一起完成一个项目的任务。大学生创新创业训练计划根据不同年级的同学又做了具体的训练内容划分，是对于本科生同学创新创业能力的初级训练。而主题创新区设立在各个学院，项目来自老师课题的子课题或者企业课题，对于学生的能力要求较高，经过选拔，优秀的项目还有机会参加大学生创新创业竞赛。大学生创新创业训练计划和大学生主题创新区中优秀的项目，切合实际能够应用于市场的项目还有机会进入创客空间的创业孵化平台，走向真实的市场。

（4）创新创业教育项目潜在课程。创新创业教育项目潜在课程强调的是在高等学校里营造一种创业活动氛围，通过这样的创业活动氛围来潜移默化地影响创业学生，以达到培养学生基本的创业品质，提高学校创业教育发展水平和质量的目的。创新创业教育项目潜在课程手段可通过学校已有的条件激励学生开展创业活动，培养学生的创业精神。

3.设计创新创业教育实践课程

创新创业教育实践课程有利于提高大学生对企业知识的运用，有利于开拓大学生的视角，培养大学生的创业技能，发挥大学生个人技能。创新创业教育实践课程主要分为模拟创业实验和创业实践两种形式。

模拟创业实验过程是一种创新仿真实验，学生可以模拟体验创业者经历的各个阶段，体验从创业决案、创业项目选择、团队组建、管理企业到产品推广的整个创业历程。模拟创业实验还可以通过案例分析形式进行，使学生身临具体案件之中，将自己想象成创业者，并且分析自己在创业过程中出现的问题与各种做法。模拟创业实验要开设沟通技巧与训练、商业营销模式、商务案件分析、商业计划与培训体验等课程。

创业实践是为了将创业理论与实践结合。大学生创业实践可以通过两种方式进行：①利用校内的专业实习平台，让学生进入学校的后勤、投资等部门体验，使其能够积累丰富的与人交往的经验；②开展校企合作方式，通过与企业的沟通和洽谈，让更多学生进入企业实习，能够了解企业的经营与发展模式，积累处理各种问题的经验，为其创业打下坚实的基础。

第二节　改进大学生创新创业能力培养的原则和路径

一、深化我国高校大学生创新创业教育目标

当前创新创业教育是一种新型教育，是在传统教育基础上的一次突破，也是当前时代发展形势下的重要教育战略。作为创新型人才的主要来源之一的大学生更是应该注重创新创业教育，因为创新创业教育不仅能提高大学生的综合素质，还可以帮助大学生树立正确的"三观"，有利于促进大学生全面健康地成长。如今在各个高校用传统教育来教授学生科学文化知识，但是这种教育模式对学生的独立思考能力缺乏培养，在应试教育过程中学生创新意识能力慢慢枯竭，极大地影响了学生未来的成长。所以，伴随着社会的进步，创新创业教育已成为一种发展趋势，成为中国高等教育改革和发展的必由之路。

1. 创新创业教育是连续性和全方位的教育活动

国家不断深化教育改革，全面实施素质教育，其中一个重要的创新就是创新创业教育的实施，高校创新创业教育改革与发展，有助于加强学校对学生创新精神，创业意识，实践能力等方面的培养，要做到既能够掌握丰富的科学文化知识，又能够实现能力的提升和经验的积累。

2. "创新+创业"是创新创业教育的核心

高校创新创业教育不仅需要注重对学生创新思维和创新意识的培养，还需要鼓励学生能够积极实践。大学生创业活动中，学生的创新意识对高校创业活动的开展有着决定性作用，只有具备创新精神和创新意识的人才能够更好地开展创业活动。

3. 创新创业教育应是多方位合作和开放式的办学理念

随着创新创业教育活动在高校的不断开展，其教育模式也正在发生转变，已经由之前单一的教学模式转换为多学科融合的教学模式，对于人才的培养要不仅仅局限在校园内，还可以和第三方进行联系，从而实现学校、政府和社会三者之间的联系以及资源的共享。

4. 创新创业教育应培养应用型复合型人才

高校开展创新创业教育活动应该对教育中人才培养的目标有

着清晰的认识，在具体的实践中，应该构建专业的创新创业教学团队，开设正式的创新创业课程，使得学生对于创新创业有着清晰的认识，从而开始学习创新创业知识，并不断进行实践，提升自身的创新创业能力。

2015年，国务院办公厅出台的《关于深化高等学校创新创业教育改革的实施意见》提出，到2020年建立健全课堂教学、自主学习、结合实践、指导帮扶、文化引领融为一体的高校创新创业教育体系，人才培养质量显著提升，学生的创新精神、创业意识和创新创业能力明显增强，投身创业实践的学生显著增加。截至2022年，大学生创新创业教育已取得显著效果，

二、高校大学生创新创业能力培养的基本对策

1."以人为本"，以创新创业能力培养为目标

当前随着教育改革的不断进行，素质教育理念在教育领域不断深入，但是大学之前的教育受到应试教育思想的影响较大，对于学生的学习成绩非常看重，忽视对学生智力的开发和综合能力的培养、重教轻学、重结果轻过程等等，这些问题严重阻碍着人才的成长与发展。但是事实上，每个人都是独一无二的个体，不同的人之间存在着个体差异，学习成绩只是衡量学生的某一方面，并不是全

部。应试教育是一种忽视个人能力的传统教育，所以有着更多办学自主性的高校应该转变教育思路，为了让学生更好地发展，应该坚持学生主体原则，积极发掘每个人身上的长处，充分发挥个体的闪光点，不再将学生局限在分数的评判中，而是鼓励学生发展自己的兴趣，即使有的学生考试成绩不高，但是也不能说明他们的智力不高、能力不强，有的甚至比成绩好的学生更加具有创造性。

尊重每个人的个体选择，鼓励他们能够勇敢地发展个性，从而建立起多元化的人才观，将学习当作终身的理念，才能够实现教育更好的发展，这也是我国在长期的改革和实践中得出来的结论。从过去教育理念的角度来看，高等职业院校更加注重对学生进行职业技术培训，这样可以使学生能够在毕业之后更好地就业，有一定的社会收入，这确实是学生短期的目标，但是从长远来看，在科学技术快速发展的信息化时代，这种教育模式已经有所落后，当前人工智能的发展非常快，在今后人工智能必将代替人工服务成为开展社会服务的主要力量，而到了那时，一些仅仅依靠技术知识的人将会被取代。因此，在新时代发展背景下，高校需要对传统的教学模式进行变革，将学生从传统的思想中解脱出来，帮助他们促进自我价值实现。然而，面对社会对于人才需求越来越高的现状，高校如何才能够提升学生的综合能力以应对时代的发展呢？在此本书认为：凡是为传统思想所闭关自守的人，一定要多学多练。尤其是在大学阶段，学生正处在世界观形成的重要时期，高校民主自由的办学特点也能够更好地满足学生的发展需求。因此，大学生应该抓住人生发展的黄金时期，有着自我培养、有我发展的意识，不断进行理论知识的丰富和实践能力的锻炼，将理论和实践结合，拓宽自己的事业，寻找适合自己的发展道路，在坚持中实现自我的价值。

2. 以社会主义核心价值体系建立为引导

党的十六届六中全会于2006年10月召开，会议通过了《中共中央关于构建社会主义和谐社会若干重大问题的决定》（以下简称《决定》），第一次明确提出"建设社会主义核心价值体系"。

社会主义核心价值体系是当下国家提出的重要发展命题和重大战略任务，既关系到我们党和国家的前途命运，同时关乎着我国广大人民群众的切身利益，要想真正地做到以人为本，就必须要重视对当代大学生进行社会主义核心价值观教育工作。社会主义核心价值观已成为社会主义制度得以实现的核心，以及社会主义价值得以彰显的重要元素，人民群众对社会主义核心价值观的正确理解，能够很大程度上促进社会的和谐稳定，提升国家的经济和政治发展水平，而且就其含义而言，社会主义核心价值观还可以充分反映一个国家财政资源的丰富程度，以及一个社会的民主文明的价值高低，这对于我国建设和谐社会具有十分重要的作用，同时符合社会发展需要，可以推动我国各阶层核心利益一统化的共同愿望的实现。

3. 以"大众创业、万众创新"为指导

国务院总理李克强于2014、2015连续两年明确提出"大众创业，万众创新"这一理念，他鼓励在960万平方公里土地上掀起大众创业，草根创业新浪潮，李克强总理的每次访问，都要与当地好企业家见面并做细致的沟通，通过这种方式可以极大地提升大学毕业生的创业动力和创业热情，增强创业士气。他的这种群众创新创业的主张适合当前国民经济以及民生的现状，既能够扩大就业机会和提高人民收入，又能够使得社会进行纵向流动和维护社会的公平正义。他还说，"我相信，未来有一天，人人都可以成为创新者。"在论述创新创业者教育问题上，他强调了人们在创造财富获得物质需求满足的同时，还能够较好地实现精神追求和体现自我价值。但是，创新创业不只是一个口号，需要落地生根才能够展现出价值，而对于大学生来说，要想成为一个创业者并不容易。这是由于大学生没有丰富的社会经验，在学校的时候还要学习专业知识，只能在课后的时间补习一些商业和管理方面的知识，他们的优势在于他们接受的是新的教育理念，思维更加的活跃，经常有着更多的奇思妙想，而这种想法也是最能满足当前社会经济发展需求的，他们可以将人力资源转化为自身的资本。所以在当代互联网的时代背景下，很多创造性思想都能收获一个全新的产品，个体可以获得一次全新的成长，最终成就一个充满活力的社会，从另一个角度讲，能够促

进社会主义向着共同富裕的共产主义社会的终极目标推进。我国现在正处在工业化、城镇化加速发展的重要阶段，迫切需要大量高素质创新型人才来支撑经济社会的可持续发展，大力开展创新创业教育，能够解放与发展生产力，激励当今社会中所有的人都能够发挥创造力，能够带动社会的长久发展，成为共产主义脚步前进的力量。如今，在国家政策指引下，"大众创业，万众创新"的理念深入人心，全国各地的各个行业已经开始行动起来，创新创业在中国正焕发出强大的生机。

4. 高校创新创业向"互联网+"倾斜

我国相关部门积极地推进"互联网+"发展进程，并且将要把"互联网+"确定为国家的一项发展政策，与此同时，"互联网+"也成为指导中国多数企业实现顺利转型升级的向导，因此"互联网+"不再单单是一个词汇，它是一个指导实践的可行性的方法论。在这样的背景下，"互联网+"已经成为时代潮流和大势所趋，是促进经济结构调整和增长方式转变，提高全社会科学文化素质和综合素质的重要手段，它必将对经济社会产生广泛而深刻的影响。

"互联网+"给高校创新创业教育带来很多发展机遇，一是"互联网+"给创新创业教育带来资源丰富，借助互联网技术，教育资源由封闭逐渐走向开放。慕课成为全新的知识获取方式，带动越来越多的高校共享优质资源。我国慕课从2013年起步，截至2022年2

月底，上线慕课数量已经超过5万门，选课人次近8亿，仅2020年春季，就有108万高校教师开设了110万门在线课程，2259万学生参与学习。2022年初，教育部启动实施"国家教育数字化战略行动"，建设的"国家高等教育智慧教育平台"首批上线了2万门课程，覆盖了13个学科92个专业类。此外，多种大规模在线开放教育平台与其他知识平台和移动终端App都提供了多种类型资源，满足学习者的各种需求。互联网也为校企合作、教师培训等提供了大量平台和资源。互联网资源丰富且获取便利，为创新创业教育改革打下了坚实的基础。二是"互联网+"促使创新创业教育模式变得灵活化。传统创新创业教育囿于课堂教学，课程内容有限，教学模式单一。互联网技术为传统的课堂形式与教学模式变革提供助力，如将网络技术与传统教学深度融合；利用虚拟仿真软件，进行创新创业模拟，让学生可以在实践中学习，提升学生创新创业的热情和积极性；互联网大数据的统计分析可以将学生状态可视化，为教师提供科学的教学决策信息。互联网带来的多样化教学手段和工具能够为学生营造"互动感""体验感"更强的教育环境，充分调动学生学习兴趣，激发学生学习热情。三是"互联网+"转变了创新创业教育学习模式。互联网给教育带来的另一大变革就是学习模式的改变。在互联网环境中，学生的知识来源广泛，学习的内容和时间也逐渐碎片化，学生可以自主选择学习方式，不受时间地点限制，灵活机动地进行"泛在学习"。学习内容和学习模式的转变，使得学生从知识的输入方变为知识的输出方，打破传统课堂的师生模式，让学生成为课堂的中心，教师起到引导和辅助学生的作用；教师的知识边界不再是学生学习的边界，课堂开放性，真正地做到以学生为本。由此可见，创新创业也需要依靠"互联网+"的平台进行资源的整合和分享，从而在社会中营造出良好的创新创业的社会氛围。所以，当代大学生一定要把握时代发展的机遇，要积极响应党中央和国务院的号召。本书认为，一旦大学生能够抓住当前的社会机遇，将"互联网+"作为自己发展的跳板，依托其提供的各种资源，一定能够展现出更强的创新创业活力。

三、培养创新创业能力的路径选择

1. 政府路径：发挥政府对于创新创业外部环境的建立作用

开展创新创业，在社会上营造"大众创业，万众创新"的社会氛围，需要依靠市场经济的作用和引导，人们被这种思想理念所影响，会使得全国上下同心协力，创造出一个个震惊世界的创举。政府是一切社会活动的核心，对于培养全民创新创业能力来说，政府也应该主动发挥其作用，加强创新创业体系建设，对社会资源进行归纳和整合，组织开展各种各样的创新创业活动，对于有着创业愿望的民众应该给予专业的培训和资金的支持，从而推动经济发展方式转变，只有这样，才能够更好更快地实现中国梦。对于高校创新创业教育来说，政府应该为其提供更多指导与扶持，指引各类高校建立创新创业教育观念，完善创新创业设施和场地建设，同时还要为大学生的社会实践活动提供可能的便利条件。大学生必将成为未来社会升级与更新的力量，其在国家庇护之下一定能够更好地应对各种风险和挑战，并且主动发现新的产业需求，成为新时代的高素质技能人才，因此政府部门要对这部分群体予以高度关注，并且持续加大培训力度以提升其创新创业意识。大学生对于时代的理解和对未来的憧憬都建立在对国情的了解和自己的社会实践经验之上，他们能够更加理性地分析社会的动态变化，更好地理解政策指引下的发展方向，从而得到有效的经营理念和管理方法。因此，对于大学毕业生的需求了解成为高校教育改革的关键点，国家和政府应该为了满足他们的发展需求而创造更好的外部环境，给予政策、技术以及培训等各方面的支持。

2.高校路径：转变高校教育观念，激励创新创业教育

高校是当前社会中优秀人才的聚集地，高校学生全身充满青春气息，他们正处在一个人一生中最发光时期，凝聚着青年的智慧和力量，因此大学生是社会中能够真正实现创新创业的主要力量。在进入大学之前，学生受到应试教育思想的禁锢，但是进入到大学之后，高校中自由民主的教学氛围将学生从禁锢中解放出来。在高校

中开展创新创业教育就是要从根本上转变当前社会的教学理念，重视对学生能力的培养，鼓励学生能够在课余时间走出校园，积极参加各种各样的实践活动，在实践中积累社会经验，拓宽自己的视野，不断形成创新意识，提升创新能力。所以说传统的教学模式已经不能够满足时代的发展需求，必须进行改革与革新，只有这样才能够适应当前社会对人才的要求，从而更好地促进我国经济建设。因此，创新创业教育必须持续深化与夯实，即必须以学生意识发展和技术发展为主要内容，持续提升创新创业标准，把这一教学体系持续改进并且随社会变革而不断进行更新，在大学生的心中种下创新创业的种子，经过悉心的培养最终发芽成长，长成一棵参天大树。

大学生创新创业教育必须要有实践锻炼作为依托，才能让大学生积累创业经验、提升视野、开阔心胸，要想能够激励大学生进行实践尝试，首先需要学校做好宣传工作，让学生意识到其重要程度，同时在政府和社会的帮助下进行资源的整合，鼓励学生将研究课题和创业活动进行结合，为了完成研究课题而主动到社会上进行锻炼，学校不仅要为学生的实践活动提供机会，还应该提供空间和平台，以实际行动支撑学生实践活动的完成。

国家和社会的未来发展依靠的是新时代的青年，因此可以营造一个学生参与社会实践的社会氛围，从而让学生能够更好地投入到社会创新创业活动中，以实践活动更好地促进学生的成长。社会应该大力弘扬勇于创造、敢于展示，并且允许有不成功发生的创新思维，这样可以激发大学生的创新创业热情，还能够合理地对他们进行指导和援助，从而使得他们能够发挥青春的激情，主动摆脱传统教育思想的束缚，所以，实践活动对大学生的创新创业来说有着重要的作用。高校可以采取以下措施来提高学生的实践热情：一是培养学生创新意识、创业精神和创新能力；二是加强创新创业师资队伍建设；三是建立合理的课程体系，构建完善的知识体系；四是优化教学环境，除此之外，高校还应该对不同专业的学生提供多样化的选择，让他们能够接受系统的指导，教师还要对学生的创新创业持积极鼓励的态度，必要时还要给予经济支持。

3. 社会路径：构建社会人才评价和支撑体系

在大学生创新创业教育中，政府和高校发挥着重要作用的同时，社会也为大学生创新创业提供有力支撑。中国社会中有着很多专业的人才培养机构，其应该充分发挥公共服务作用，建立健全社会上的创新政策体系，强化对创新人才的培养，建设人才培养基地，为创新创业活动的开展提供良好的社会环境，并建立激励制度和增加激励的力度，提高人们的创新创业积极性。社会可以在政府的引导下开展"高层次创新创业人才引进工程"，设计社会上的创新平台，以平台为载体聚集高素质的人才，通过校企合作实现人才和技术的双向融合，从而使得学生的研究成果能够转化为实际应用，企业也需要顺应国家发展政策的要求，为高校敞开大门，邀请高校的学生到企业学习和创新。二者的积极配合，能够更好地实现对创新创业人才的深层次培养，推进我国向着创新型国家的建设方向发展。

4. 学生路径：培养学生创新创业能力

政府、高校以及社会都对学生的创新创业教育起到支撑作用，但是归根到底，学生才是创新创业教育的主体，教育的重点还是应该落到学生身上。创新型人才应该是综合发展的人才，需要学生有着科学的专业知识、良好的政治素养、高尚的思想道德以及创新意识和创新能力，因此高校应该对学生进行综合素质的训练。在高校中对学生进行创新创业教育就像在公司中开展的员工培训一样，需秉承共同进步的理念，为学生提供创业的指导。有的学校还将学校的多个部门进行联合，专门为学生的创新创业活动提供指导和保障，比如学校的办公室和团委的联合，在此基础上打造校内校外相结合的创新创业孵化基地和孵化平台。有的高职院校还将学生的职业教育和创新能力的培养结合起来，构建创新创业发展体系，在给予一定的引导作用下，充分尊重学生的个性需求，让他们以学校搭建的平台为载体进行自我管理和自我服务。与此同时，人们必须清楚地认识到，创新创业教育是一个系统的工程，需要多方面的配合和支持，高校应该探索自身的创新创业教育模式，让学生在创业过程中能够发现自身的价值所在，将自己的兴趣和想法进行成果转化，成立创新创业项目，使得他们的创新精神能够得以充分发挥。

第三节 加强和改进大学生创新创业能力培养的保障措施

一、推动创新创业能力培养路径完成的基本对策

1.发挥政府职能保障和完善资金支持

政府进行政策的完善和改进能够为创新创业者提供导向，政府制定的政策和制度能够为大学生创新创业提供保障。从国家层面来看，国家对大学生的教育和培养工作非常重视，尤其是近年来，随着高等教育大众化进程加快，高校毕业生数量激增，就业竞争越来越激烈。面对如此严峻的形势，大学生创业成为一个热门话题。对

于大学生创业者来说,资金是他们首先遇到的最大的难题,这是因为学生在上学期间缺少资金积累意识,所以对于他们来说,能够拿到创业的起步资金是非常重要的,因此最近几年各个地方政府都开始推出很多优惠的政策,比如,大学生可以凭毕业证到银行进行贷款,而且不会支付利息,利息由国家财政补贴。除此之外,在创业场地的租赁上,当地政府也会对大学生给予一定的帮助,这些举措都大大减轻了大学生在创业之初所面临的巨大压力,为他们解决了自己需要面对的一部分问题,从行动上对大学生创业给予鼓励和支持。

(1)制定创新创业能力培养激励政策

很早之前,我国政府就针对大学生创办公司提供很多扶持政策,促使教育行业和社会有着更密切的交流和合作,公司能够更加便捷地辅助高校开展大学生的创新创业教育活动。因此当地政府可以要求地方的高校进行教育教学改革,根据国家政策,构建起创新商业教育体系,而这一教育体系将成为大学教育的根本。最后,政府还应该结合学生的实际教育情况,对学生的创新创业意愿进行详细的调查,主动为学生提供帮助,制造一些商业机会,并进行实时的监督,使得大学生的创业想法能够落地生花。

(2)完善创新创业相关法律保障

大学生的创新创业事业要想能够顺利地进行,必须建立在遵循和依靠国家创新创业法律的基础之上。政府的法律部门应该制定一套规范化的、有针对性的创新创业法律体系，各地的政府还应该结合当地的政策和教育现状，而制定更加精细化的地方创新创业法规，为大学生的创新创业活动提供保障，具体的体系内容应该包括创新创业的集资活动、培训活动等等，能够为大学生的创新创业事业提供有力的外部保障，使其能够蓬勃发展起来。这样做的原因是大学毕业生初次接触社会就面临着复杂的创业活动，经常会遇到各种各样的问题，要想解决这些问题，学生必须有着防范风险的能力，制度和法律的保障是最好的应对风险挑战的保障。

（3）创建多渠道创新创业资金支持

在当前中国教育发展中，应试教育思想在人们心中根深蒂固，且大部分学生都是在家长的无偿资助下完成学业的，传统的中国家庭对孩子有着较大的宽容性，因此成长过程中，孩子一般还没有学习过如何主动地去创造财富，所以学生在大学期间即使有着创新创业的想法，很多也会由于没有资金的支持而放弃。当前国家已经出台了很多资助大学生进行创新创业的政策，比如，大学生创新创业贷款，但是政府的支持总是有限的。作为大学生创业者，不能一味地依靠国家、政府或者父母的支持，应该开始尝试自己拉拢资金，利用多种渠道进行融资，这也是开展创新创业活动的重要组成部分，要通过自身的力量实现自己的创业梦想，进而做大做强，推动社会经济的发展。所以，面对初始资金的短缺，大学生不应该首先想到放弃，可以借鉴很多发达国家开展资金融合的方法。

2.明确高校对于创新创业教育的落实

（1）教学目的明确

政府及高校都期望能针对全体学生制定新的理念，全程打造符合当地高校特点的创新教育体系，以及以培养创新型学生为主的开放性高校，高校开展创新创业教育活动并不是为了完成某一项任务，为了某些企业或者行业的发展，其主要的目的还是集中在学生主体身上，开展创新创业培训工作是为了培养学生的创新意识，提升学生的创造能力，将学生从禁锢的教育思想中解放出来，而不是单纯地想要让学生开公司。针对这一教学目标，高校不能够一味地鼓励学生要在了解基本知识后进行商业实践，更重要的是让学生有着创新的观念，收获了一些知识和技能，具备未来开展创业活动的能力，总结来说就是高校的创新创业活动还是聚焦于教育，而非商业。

（2）教学方法开放

高校开展创新创业教育活动不仅仅需要明确教学目的，还需要转变教学方法，改变过去传统的教学模式，转变为更加自由开放性的教学手段，来引导大学生进行创新创业知识的学习和能力的培养。传统教学模式下学生们只是被动接受知识，缺乏主动探究意识，这种教学方式不利于提升他们的创新能力以及综合素质。因此，借助我国高等教育改革新阶段这一历史时期，高校应该转变教育理念，采用启发、探讨、互动教学等形式开展培养活动。例如，教师可以在课堂上为学生展示一些大学生创新创业的实际案例，引导学生进行案例分析，在此基础上进行研究成果和实践经验的传授，培养学生的自主思考的能力，使得他们的创造性思维被开发，能够对大学生的创新创业有所启发。同时，教师还可以用现代化的教学技术，比如运用数据分析技术对学生的学习规律进行分析，为学生提供更加个性化的培养方案。

（3）教学内容符合实践

高校在开展创新创业教育活动时，要特别注意教学内容和实践活动之间的契合度，如果理论知识和实际活动不相符，就会产生不良的影响，所以为了院校的理论教学活动和实践接轨，高校应该对传统的课程体系进行更新，加强对创新创业教育内容的学习，加大对实践训练的培训力度，让大学生的创新创业意识和能力都有所提升，产生更加直观的认知。理论和实践的结合也是提高学生综合能力，提升其竞争力，使得他们能够更好地适应社会人才需求的一种有效手段。在创业实践活动中，高校可以把创业商机选择、商业模式发展、创新创业投资学和企业团队成长加入创新创业人才培养体系中，用合乎实际的教学内容代替传统就业指导内容。

3. 大学生创新创业能力信息平台建设

（1）社会建立创新创业学习

随着全球经济一体化与我国社会经济的稳步发展，科学文化技术也在不断进步，在国际上世界各国综合国力竞争也逐渐激烈起来。社会就业指导工作，为大学生提供解答就业疑惑的帮助，完善心理素质及心态的调整，对帮助学生顺利就业有着不可或缺的重要意义。大学生创业需要接受最专业的教育，在未来才会有正确的就业方向，并且最大化匹配所学专业知识。社会就业培训机构能够帮助大学毕业生进一步地升华和学习，所以，在步入社会后有很大的必要再去参加一下这样的培训。国家应该帮助大学毕业生建立适应社会的选择就业观念，这样能帮助这些学生将悸动的、闲散的求职欲望上升为他们能用肉眼实实在在看到的就业观念。

（2）校企结合创建实践平台

现在社会企业的发展和用人是和大学生的教育密切相连的，而大学，作为为社会、为企业输送高质量人才的机构，应该不断提高教育水平，一个成功的企业在社会中总是站在时代的前沿的，对整个市场的环境也是感触最深，因此他们所需要的人才都要有高强度的社会意识，身怀创新创业的绝技。而中国的学校，大多是四面墙的封锁结构，与外界的接触远远不及成功企业对社会的了解，大学学校如果继续使用这样的教育政策，面临的将是与社会的大脱节，这是目前受传统教育影响最深的一个方面，因此，大学必须与企业保持密切的沟通和联系，适当情况下组织与企业的培训和互动，这才是提高大学生创新创业最快捷的方法。教育跟着社会的新步伐，与国家共同发展，不断升级，不断吸取经验，改变人才培养规划方式。

4. 大学生创新创业能力培养主要对策

（1）知识结构丰富

大学生创业创新能力的培养，高校必须首先增加一系列的创新创业教育课程，可采用创新创业案例教学法进行创新创业教育课堂教学，向学生展示创业精神、创新意识、途径和方法，创新创业必须构建合理的创业知识结构，丰富知识结构，培养和提高大学生的创新创业能力。创新创业能力在知识结构的培养中，是对社会经济企业具有深刻专业知识和管理知识的需要，也是认识中国法律等一些综合知识的需要。故此，大学教育必须从根本上改变学生的知识结构。

（2）创新思维培养

在信息时代条件下，国家要想在国际上有竞争优势，最重要的因素就是要有创新创业型人才。要想建设成为一流大学，作为培养优秀人才的高校就必须要适应信息时代的发展，自身要进行机制改革，顺应大形势，积极培养各种创新创业型高素质人才。高校转型成为创新创业型一流大学必须注重将教学方式和内容、科学知识及社会服务几大领域交叉融合在一起，高等院校可以与各大产业及社会服务相互合作，经济社会的全面进步以高等院校培养的创新创业型人才为动力。创新创业型人才的培养是需要基础的，也必须具备一定的素质。作为高等院校培养的创新创业型人才必备的素质有强烈的勇于承担社会责任的精神、有创新创业的全面思维和创业素质、有充足的创业潜能待开发等等。

（3）创业意识培养

根据马克思主义学说可以认识到，意识能够对实践活动起到指导作用，因此创新创业意识的养成是开展创新创业活动的内在动力，也是创业活动产生的先决条件。如何培养学生的创新创业意识是高校需要思考的问题。首先，高校在建设创业教育体系时，适度调整学生评价体系，将创业因素纳入评价指标，这样高校可以提高创业因素版块在学生评价体系中的比重。其次，高校应努力营造良好的创业氛围。如鼓励学生创业社团的发展，与企业联合搭建创业平台，构建大学生创业孵化器；积极举办样式丰富的创业类活动与竞赛等，在校园中塑造一种适度稳定的创业文化，可以有效促进大学生创业意识的形成。最后，高校应建立创业教育体系，提高学生创业能力。第一，高校教师需系统科学建设创业课程，把创业课程纳入教学计划。让学生更好地掌握创业所需的商业知识，培养必备的心理素质，提高其解决创业过程常见问题的能力。第二，高校应采取各种途径加强师资队伍建设，增加相关教师的创业经验，促进理论与实践的融合，确保教师更好地完成创业教育工作。第三，创业教育体系应注重创业实践环节。一方面，学校积极构建创业平台、孵化器、学生创业社团等；另一方面，对学生创业实践活动予以人力、财力、物力上的支持。此外，鼓励学生多参加社会实践，多接触社会。让学生在社会实践、创业实践等活动过程中将创业理论与实践相结合，切实提高大学生创业能力，促进创业意识的形成。

二、加强和改进大学生创新创业能力的主要任务和措施

1. 完善人才培养和创新人才培养机制

做好创新人才的培养工作，首先需要完善人才培养的机制，通过制定教学标准，在发展的过程中不断进行修订和完善，从而制定进行课程计划，将学生的创新意识和创新能力作为综合能力的一项评价内容。高校应该将在校生以及毕业生的创新创业能力进行详细化的分析，对有创业可能性的人才进行重点关注，必要时候提供经济和精神上的支持。关于学生日常培养和教育工作，高校应该完善基础课程，开展交叉课程，从而以学科的融合促进学生能力的提

升，培养全能的创新型人才。

2.教学改革、完善创新创业教育课程以及强化创新创业实践

在信息化时代下，高校的教育随着大数据技术的引进面临着现代化改革问题，以满足学生的现代化发展需求，给予学生更多的教育资源。因此，需要对传统教学模式进行改变，提高教学质量，培养出社会急需的高素质人才。高校应该根据社会所需的人才要求，制定相应的人才培养策略，以学生为主体，将创新创业教育融合在专业教育中，对专业的课程设置进行调整，拓展各专业课的教学资源，在强化创新创业教育教学同时讲授专业知识，实现创新创业教育教学课程的完善。除此之外，高校应加强创新创业实验室与训练中心及相关平台的建设，打造大学科技园、大学生创业园和小微企业创业基地等作为创业教育的实践平台。

3.教师创新创业教育教学能力建设以及改进学生创业指导服务

创新创业教育的高校教师承担着培养学生创新意识和提升学生创新能力的职责，因此教师需要强化自身的教学能力建设，从而更好地为学生提供创新创业指导。高校应该吸收各行各业的优秀人士或者成功的创业者到学校担任兼职的教师，同时招聘更多的专职教师对学生进行管理学的理论教学，构建起一支梯形的教学队伍，学

校还应该对教师的教学定期开展评估，还可以邀请校外知名专家、企业家等各行业优秀者到学校开办讲座。各高校也有必要建立和完善专门的学生创业指导服务机构，而这些便利措施能有效地为学生了解市场动向、相关政策及其他情况提供帮助。

参考文献

［1］甄程.谈大学生创新创业能力培养的个性化模式构建［J］.品位·经典，2021（23）：114-116.

［2］尹翔，郗芙蓉.大学生创新创业人才培养体系构建［J］.中国高校科技，2015（03）：75-77.

［3］魏泽虹，俞慧娜，徐可，杨涵，吴扬.大学生创新创业大赛项目成果转化现状分析与对策研究——基于浙江十所本科院校的调查［J］.科技与创新，2021（22）：25-26+29.

［4］李莉，崔静，陈娜菲.大学生创新创业培养现状及意愿的影响因素分析——基于ABC-BP神经网络模型［J］.牡丹江教育学院学报，2021（09）：47-51.

［5］吴晨旭，王笑斌，段凯歌.基于Java EE的大学生创新创业项目管理平台的设计与实现［J］.物联网技术，2021，11（09）：

87-88+91.

［6］岳金月.大学生创新创业思维培养的路径分析［J］.陕西行政学院学报，2021，35（03）：123-128.

［7］关旭.大学生创新创业现状研究［J］.商业文化，2021（20）：136-137.

［8］卢东祥，曹莹莹，于建江.应用型本科院校大学生创新创业能力培养的路径探索［J］.江苏高教，2021（07）：85-88.

［9］李岸.大学生创新创业项目管理系统的设计与实现［D］.广西大学，2021.

［10］刘敏佳.经管类专业大学生创新创业意愿影响因素及对策研究［J］.豫章师范学院学报，2021，36（03）：86-90.

［11］南洋.以高质量就业为导向的高校大学生创新创业能力提升路径［J］.黑龙江科学，2021，12（11）：90-91.

［12］王鹏.高职大学生创新创业大赛现状分析与"四位一体"创新创业教学模式构建研究［D］.广西师范大学，2021.

［13］姚泷皓，周士权.高校共青团改革背景下的大学生创新创业教育研究［J］.高校共青团研究，2020（Z2）：48-52.

［14］曾阳桥，王伟."互联网+"背景下大学生创新创业影响因素与对策研究［J］.中国市场，2021（17）：175-176.

［15］黄馨平.我国大学生创新创业政策的多源流分析及完善路径研究［D］.云南师范大学，2021.

［16］南洋.浅析基于"互联网+"背景下大学生创新创业能力培养［J］.电脑知识与技术，2021，17（15）：124-125+135.

［17］汪启航.新时代大学生创新创业现状及问题研究［J］.营销界，2021（21）：38-39.

［18］陈莹.经管类专业大学生创新创业能力综合评价研究——"互联网+"背景下［J］.江苏商论，2021（05）：100-104.

［19］陈敏.大学生创新创业能力现状及提升措施［J］.商展经济，2021（09）：71-73.

［20］王章豹，郑筱，李杨，黄驰.新工科背景下理工科大学生创新创业现状及影响因素的调查与分析［J］.高等理科教育，2021（02）：30-38.

［21］王珊珊，施彦冰，齐悦，王采琳，郝玉娟.论大学生创新创业对提升自身竞争优势的影响［J］.辽宁高职学报，2021，23（04）：104-107.

［22］施生旭.高校大学生创新创业创造教育研究［J］.集美大学学报（教育科学版），2021，22（02）：57-63.

［23］杨剑，钟嘉华，樊晓倩，林哲锋.基于大创项目提升大学生创新创业能力的实践探索——以"人力资源管理人员工作压力调查"项目为例［J］.商展经济，2021（06）：94-96.

［24］王安东，陈龙，罗丹.历年中国"互联网+"大学生创新创业大赛获奖作品分析［J］.创新创业理论研究与实践，2021，4

（06）：16-18.

［25］冯英，张卓.我国大学生创新创业政策演进及地区差异分析——基于1998—2019年政策文本［J］.国家教育行政学院学报，2021（02）：52-60.

［26］廖芳.大学生创新创业法律风险防范意识培养机制［J］.社会科学家，2021（02）：131-135.

［27］彭晗，上官林建，袁柯佳.互联网+背景下大学生创新创业能力评价与提升路径研究［J］.中国大学生就业，2021（01）：58-64.

［28］王洪才，段肖阳，杨振芳，郭一凡，赵泽宁，刘若玢，苏瑞愿，欧妍.项目式教学改革探索：以大学生创新创业能力培养为例——厦门大学教育研究院"高等教育研究方法"第一课（笔谈）［J］.中国高等教育评论，2020，13（02）：69-93.

［29］郭一凡.高校社团建设助力大学生创新创业能力培养［J］.创新与创业教育，2020，11（06）：20-29.

［30］殷君.财经类高校大学生创新创业能力培养模式探析［J］.金融理论与教学，2020（06）：107-110.

［31］王海亮，王欣欣.论"课程思政"视域下大学生创新创业精神培育与实践能力提升［J］.佳木斯大学社会科学学报，2020，38（06）：221-223.

［32］杨连生，王甲男，黄雪娜.体验式学习对大学生创新创业

能力的影响研究［J］.现代教育管理，2020（12）：102-107.

［33］张丹.大学生创新创业能力培养的研究［J］.黑龙江畜牧兽医，2020（23）：151-153.

［34］盛红梅.新时代大学生创新创业价值观研究［D］.东北师范大学，2020.

［35］王菡.新经济形势下大学生创新创业现状与对策研究［J］.创新创业理论研究与实践，2020，3（22）：194-195+198.

［36］李健睿，李琪.大学生创新创业支持平台建设［J］.企业经济，2020，39（09）：95-101.

［37］孙文琦，蒙长玉，王文剑.应用型高校大学生创新创业能力培养课程体系研究［J］.现代教育管理，2020（07）：75-81.

［38］山少男.高校马克思主义教育对当代大学生创新创业价值观的影响——基于8个创业案例的清晰集定性比较分析［J］.高校学生工作研究，2019（02）：17-25.

［39］王逢博，丁三青.文化认同与价值取向：新时代大学生创新创业观确立的逻辑前提［J］.中国矿业大学学报（社会科学版），2020，22（03）：52-60.

［40］张小惠，白帆，霍亚光.大学生创新创业实践平台建设的探索与实践［J］.实验技术与管理，2020，37（03）：28-30+34.

［41］韩健文，何美娜.提升大学生创新创业能力的实践探索［J］.学校党建与思想教育，2020（06）：69-71.

［42］武一婷.赛训体系与大学生创新创业能力的培养——以广东的实践探索为例［J］.中国青年社会科学，2020，39（01）：128-133.

［43］张雁鸿.高校大学生创新创业激励机制［J］.教育与职业，2020（01）：64-68.

［44］张小玉，张梅.高校大学生创新创业能力培养策略研究［J］.学校党建与思想教育，2019（21）：95-96.

［45］茹秋平.我国大学生创新创业政策研究［D］.华南理工大学，2019.

［46］孙小军，惠姣姣，赵天绪，杨亚强.地方高校大学生创新创业的综合评价模型——基于对地方高校创新创业教育的实证分析［J］.首都师范大学学报（自然科学版），2019，40（05）：6-13.

［47］杜天宝，于纯浩，温卓.大学生创新创业政策扶持体系优化研究［J］.经济纵横，2019（09）：88-94.

［48］周玉青，都宏霞，许宁.新形势下大学生创新创业研究进展［J］.教育教学论坛，2019（35）：124-126.

［49］曾琳，蒋平.地方普通高校大学生创新创业政策导向与路径探析［J］.西南师范大学学报（自然科学版），2019，44（08）：110-116.

［50］沈铭.大学生创新创业能力评价体系的研究——基于粗糙可拓复合理论［J］.技术经济与管理研究，2019（07）：23-28.

[51]肖平,樊振佳.面向大学生创新创业的高校图书馆数字人文教育服务研究[J].图书馆学研究,2019(14):71-76.

[52]李旭辉,孙燕.高校大学生创新创业能力关键影响因素识别及提升策略研究[J].教育发展研究,2019,39(Z1):109-117.

[53]罗嘉文,米银俊,赵天阳.依托新型研发机构建设的工科大学生创新创业能力培养路径研究[J].高教探索,2019(07):117-122.

[54]杨瑞君,韦丽华,王笑妍,许昌满.新工科背景下大学生创新创业能力训练路径探析——以机械电子和计算机类学科为例[J].大学教育,2019(07):175-178.

[55]刘宝忠.大学生创新创业精神培育研究[D].牡丹江师范学院,2019.

[56]林珍.科学人才观视阈下大学生创新创业能力培养研究[D].北京邮电大学,2019.

[57]曹诣晋姊.新时代大学生创新创业教育存在的问题及对策研究[D].西安科技大学,2019.

[58]刘永强,蔡旻俊,史强.新时代高校创新创业教育探索与实践研究——基于中国"互联网+"大学生创新创业大赛的思考[J].中国新闻传播研究,2019(01):76-88.

[59]伊剑.大数据视域下大学生创新创业教育质量的提升

[J].现代教育技术,2019,29(05):106-111.

[60]谭玉,李明雪,吴晓旺.大学生创新创业政策的变迁和支持研究——基于59篇大学生创新创业政策文本的分析[J].现代教育技术,2019,29(05):112-118.

[61]王章豹,黄驰,李杨.理工科大学生创新创业意识和创新创业教育满意度测评及分析——基于H大学的调查数据[J].南京航空航天大学学报(社会科学版),2019,21(02):91-97.

[62]侯明迪.大学生创新创业教育的问题与对策研究[D].哈尔滨师范大学,2019.

[63]许梦珂.三螺旋理论视角下大学生创新创业问题研究[D].郑州大学,2019.

[64]李娜.新时代大学生创新创业能力结构与现状研究[D].东北师范大学,2019.

[65]李莹.大学生创新创业能力影响因素与培养策略研究[D].东北师范大学,2019.

[66]孙珊.高校服务大学生创新创业"生态圈"模式的构建[J].教育与职业,2019(09):59-63.

[67]黎怡姗,吴大放,刘艳艳.高校大学生创新创业现状及成因分析[J].高教学刊,2019(09):43-44+47.

[68]赖美詹.高校创新创业教育对大学生创新创业素质及行为的影响研究[D].北京邮电大学,2019.

［69］陈孟威，陈兴明.非正式跨学科融合：大学生创新创业团队范式探析［J］.江苏高教，2019（03）：80-85.

［70］霍明奎，查姣姣，竺佳琪.基于扎根理论的大学生创新创业团队信息获取行为影响因素研究［J］.现代情报，2019，39（03）：46-51.

［71］杨秀丽.新经济背景下大学生创新创业生态系统构建［J］.继续教育研究，2019（01）：41-48.

［72］邓冰凌.江西高校创新创业教育路径研究［D］.江西科技师范大学，2018.

［73］赵颖.大学生创新创业能力培养的理念转变与策略调整［J］.中国高校科技，2018（11）：94-96.

［74］崔金奇，吴世韫，吴震.医学院校大学生创新创业能力培养模式与实现路径［J］.中国大学生就业，2018（18）：48-53.

［75］陈家全.我国大学生创新创业发展影响因素分析［J］.技术经济与管理研究，2018（08）：33-37.

［76］王海亮.新时代大学生创新创业精神培育与劳模精神契合研究［J］.思想政治教育研究，2018，34（04）：144-147.

［77］吴明海，娜迪拉·阿不拉江，段世飞."一带一路"建设背景下边疆少数民族大学生创新创业的机遇、挑战与路径［J］.民族教育研究，2018，29（04）：122-128.

［78］葛萌萌.应用型本科大学生创新创业教育研究［D］.西安

理工大学，2018.

［79］岑余璐.基于大学生创新创业能力的协同育人模式研究［J］.吉首大学学报（社会科学版），2018，39（S1）：181-183.

［80］孔宇航.大学生创新创业素质评价研究［D］.大连理工大学，2018.

［81］邱仙艺.思想政治教育视角下大学生创新创业教育研究［D］.闽南师范大学，2018.

［82］林秋君.新时代大学生创新创业精神培育与能力提升研究［D］.重庆交通大学，2018.

［83］杜建群，杜尚荣.大学生创新创业课程的价值取向与目标定位［J］.教育研究，2018，39（05）：63-66.

［84］胡方方."互联网+"背景下大学生创新创业模式研究［D］.河南科技大学，2018.

［85］高志宏.大学生创新创业法律风险防范能力提升及其教育路径研究［J］.江苏高教，2018（04）：95-97+103.

［86］蔡晨笑."互联网+"大学生创新创业大赛研究［D］.华东师范大学，2018.

［87］张秀娥，马天女.优化大学生创新创业生态系统［J］.中国高等教育，2018（Z1）：55-57.

［88］李艳平.基于翻转课堂教学模式的大学生创新创业能力培养［J］.教育与职业，2018（02）：81-84.

[89] 杜先颖.大学生创新创业精神培育研究 [D] .天津工业大学, 2018.

[90] 齐书宇, 方瑶瑶.工科大学生创新创业能力评价指标体系构建与设计 [J] .科技管理研究, 2017, 37 (24): 68-74.

[91] 宋妍, 王占仁.论当代大学生创新创业价值观的引领 [J] .国家教育行政学院学报, 2017 (11): 52-57.

[92] 雷朝滋.关于推进高校大学生创新创业工作的思考 [J] .中国高等教育, 2017 (Z2): 57-60.

[93] 姚大伟.大学生创新创业意识培育研究 [D] .东华理工大学, 2017.

[94] 张一青.新时期大学生创新创业教育研究 [D] .西安建筑科技大学, 2017.

[95] 夏继阳.高校众创空间的典型模式研究 [D] .浙江大学, 2017.

[96] 卞琳璐.大学生创新创业社团发展问题及其对策研究 [D] .西安科技大学, 2017.

[97] 张秀娥, 张宝文, 秦鹤.大学生创新创业生态系统优化研究——基于三螺旋理论的视角 [J] .财经问题研究, 2017 (05): 79-85.

[98] 刘玉.大学生创新创业精神培育研究 [D] .西南石油大学, 2017.

［99］沈雯.互联网时代高校大学生创新创业能力培养的问题与对策研究［D］.南昌大学，2017.

［100］杨海涛.大学生创新创业大赛对人才培养质量的影响研究［D］.江西师范大学，2017.

［101］曹亮.新常态下大学生创新创业教育问题研究［D］.锦州医科大学，2017.

［102］张凯亮.基于工匠精神培育的大学生创新创业能力提升研究［J］.教育理论与实践，2017，37（12）：21-23.

［103］陈春敏.当代大学生创新创业现状与对策分析——基于在校大学生的视角［J］.北京青年研究，2017，26（02）：56-61.

［104］石娟."互联网+"视域下大学生创新创业的机遇与挑战［D］.四川师范大学，2017.

［105］吴修娟.思想政治教育融入大学生创新创业教育研究［D］.华东师范大学，2017.

［106］吕程慧.大学生创新创业素质培养路径研究［D］.西华师范大学，2017.

［107］韩立.大学生创新创业能力现状及培养路径［J］.中国高校科技，2017（Z1）：121-123.

［108］杜忠原."互联网+"背景下大学生创新创业研究［J］.决策与信息，2017（01）：109-113.

［109］胡剑锋，程样国.基于OBE的民办本科高校大学生创新

创业能力评价［J］.社会科学家，2016（12）：123-127.

［110］张秀娥，马天女.国外促进大学生创新创业的做法及启示［J］.经济纵横，2016（10）：98-101.

［111］朱燕华.大学生"创新创业"学习能力培养的行动研究［D］.上海师范大学，2016.

［112］任泽中.构建"纵横有道"的大学生创新创业能力培育体系［J］.中国高等教育，2016（12）：60-62.

［113］邓腾彬，曹学艳，李雪梅，邹洁，何坚.高校图书馆在大学生创新创业中的角色与作用［J］.图书情报工作，2016，60（51）：19-22.

［114］张媚.个性化教育视角下大学生创新创业能力培养研究［D］.长安大学，2016.

［115］林湘羽.广西大学生创新创业价值观现状调查及培养对策研究［D］.广西师范学院，2016.

［116］赵军，杨克岩."互联网+"环境下创新创业信息平台构建研究——以大学生创新创业教育为例［J］.情报科学，2016，34（05）：59-63.

［117］梅盈盈，夏斐.构建大学生创新创业能力培养新模式——公益创业的视角［J］.江苏高教，2016（03）：114-116.

［118］曹傲然.十八大以来我国大学生创新创业政策研究［D］.东北师范大学，2016.

［119］桑大朋.国家大学科技园支持大学生创新创业制度体系优化研究［D］.吉林大学，2016.

［120］李艳燕.大学生创新创业教育的方法与路径研究［D］.温州大学，2016.

［121］李霞，戴胜利，肖泽磊.基于"政策–规范–认知"模型的大学生创新创业制度研究［J］.教育发展研究，2016，36（03）：72-78.

［122］张伟.济宁学院大学生创新创业训练计划项目管理系统设计与实现［D］.山东大学，2015.

［123］朱瑞峰.大学生创新创业发展中的政府作用分析［D］.华南理工大学，2015.